KB262032

헤드헌팅으로 월급 이상 수익 내기

헤드헌터가 된 양대리

헤드헌팅으로 월급 이상 수익 내기

헤드헌터가 된 양대리

양기욱 지음

1판 1쇄 발행 | 2014. 4. 24

발행처 | **Human & Books**
발행인 | 하응백
출판등록 | 2002년 6월 5일 제2002-113호
서울특별시 종로구 경운동 88 수운회관 1009호
기획 홍보부 | 02-6327-3535, 편집부 | 02-6327-3537, 팩시밀리 | 02-6327-5353
이메일 | hbooks@empal.com

값은 뒤표지에 있습니다.
ISBN 978-89-6078-178-8 13190

헤드헌팅으로 월급 이상 수익 내기

헤드헌터가 된 양대리

양기욱 지음

Human & Books

C·O·N·T·E·N·T·S

헤드헌터란 말이 몇 년 전만 해도 무척 생소했지만, 지금은 유망 직업으로 거론되는 친근하고 익숙한 단어가 됐습니다. 헤드헌터는 헤드헌팅과 커리어컨설팅을 하는 사람을 지칭합니다. 지식산업 시대에 헤드헌터는 각 기업이 필요로 하는 유능한 고급 인력을 찾아 적재적소에 배치시키는 전문가입니다.

IMF와 외환 위기를 겪으면서 평생직장의 개념도 무너지고 사용자 측에서도 자기 몫을 못하는 직원은 언제든 다른 사람으로 교체하는, 소위 베스트만 살아남을 수 있는 형태로 바뀌면서 구인, 구직의 형태도 빠르게 변화하고 있습니다. 신문이라는 매체가 담당했던 1세대와 인터넷이 발달하면서 잡코리아, 인크루트 등 포털이 담당했던 2세대를 거쳐, 전문가 집단인 서치펌들이 매체의 역할을 하는 3세대로 빠르게 변화하고 있습니다. 이런 시대적 변화에 의해 유망 직종들이 수시로 생겨나고 없어지는 상황에서 많은 분들이 헤드헌터에 도전하고 있습니다.

헤드헌터란 직업에 도전함에 있어 멋지게 성공하는 분들도 있고 실패하는 분들도 있습니다. 그 첫 번째 갈림길이 꿈을 키워 갈 서치펌 선정에 있습니다만 서치펌의 정보와 그 중요성을 모르기에 일단 시작부터 하는 경우가 많습니다. 시작은 그렇게 할 수 있으나 시간이 지날수록 힘겨움을 느끼게 되며 결국 그 꿈마저 상실할 수 있습니다. 저자도 그러한 힘겨움과 불편함을 경험하고 꿈을 완성하기 위해 당사로 옮겨 왔습니다. 꿈을 잃지 않고 옮기는 것은 쉬운 일이 아닙니다. 시행착오를 거치지 않으려면 서치펌 선정을 더 신중히 해야 합니다.

저자가 언급한 부분이지만 첫째로, 국내 서치펌 시장의 특성상 '우리'라는 공동체 문화를 바탕으로 서로 도와주는, 협업(co-work)할 수 있는 문화가 있어야 합니다. 개인주의가 팽배한 곳에서 성공할 수 없습니다. 헤드헌팅 업무는 절대로 혼자 할 수 없기에 매우 중요한 사항입니다. 둘째는 시스템을 갖추고 있어야 합니다. 국내 대부분의 서치펌들이 영세하고 소규모라 시스템을 구축할 자금력이나 마인드 없이 주먹구구식으로 일하고 있습니다. 시스템으로 모든 업무의 진행 사항을 관리, 통제해야 체계적으로 잘할 수 있습니다. 셋째는 같이 일하는 파트너의 수가 최소한 5, 60명은 돼야 하며, 파트너들은 어느 정도 분야별 현장 경험이 있어야 합니다. 그래야 협업이 제대로 이뤄지며 자신이 모르는 분야도 배워 가며 성장할 수 있습니다.

서치펌을 운영하면서 많은 분께 헤드헌터 옷을 입혀 드린 제가 헤드헌터의 자격 요건을 감히 말씀드린다면, 많은 배움과 경험도 중요하지만 제일은 인성입니다. 헤드헌터는 인간관계, 즉 사람을 다루는 일이기에 고객사(Client)에게는 믿음을, 후보자에게는 신뢰를 얻을 수 있어야 성공할 수 있습니다. 성실하고 어떤 일이든 최선을 다하는 사람은 과감히 도전해 보라고 말씀드리고 싶습니다.

헤드헌터는 매력적이고 유망한 직업입니다. 보람과 자긍심을 가지고 재미있게 하기 위해서는 체계적인 교육도 필요합니다. 이런 시기에 영광스럽게도 저자인 양기욱 부장이 새롭게 도전하는 분들을 위해 좋은 안내서를 집필해 주신 점, 진심으로 환영하며 감사의 말씀을 드립니다. 당사의 헤드헌터가 이런 큰일을 하는 것은 무한한 영광이며 자랑이 아닐 수 없습니다.

좋은 인재들을 찾아 선발하는 과정은 경쟁력의 시작이며, 기업의 사업 성패와도 직결된 중차대한 업무라고 볼 수 있습니다. 보람과 자긍심을 가지고 미래의 꿈을 실을 수 있는 헤드헌터에 도전하는 분들에게 저자의 진솔한 경험과 노하우가 담긴 이 책이 큰 힘이 될 것으로 생각합니다. 한 사람의 인생에 밝은 빛을 밝혀 주는 멋진 등대 같은 일을 한 저자의 용기와 노력에 큰 박수를 보냅니다.

㈜에이치알맨파워그룹

대표이사 김민호

산업에 관한 전문적인 국내외 지식과 구인 기업에 대한 깊은 이해, 그리고 후보자의 커리어 목표와 성과, 잠재 능력을 평가하여 인재를 추천하는 헤드헌터는 직업적 보람도 있지만 끊임없는 노력이 따르지 않으면 결코 성공할 수 없는 힘든 직업입니다. 5년간의 이런 힘든 경험을 통해 쌓아 온 헤드헌팅 노하우를 다양한 사례와 함께 가감 없이 전달하고자 노력한 저자에게 박수를 보냅니다. 커리어컨설턴트협회 회원인 저자가 100세 시대를 맞이하여, 헤드헌팅과 더불어 전 생애 설계를 기반으로 한 컨설팅을 제공하는 커리어컨설턴트로 활동 영역이 확대되기를 기대합니다.

-(사)커리어컨설턴트협회 회장 황은미-

직장인들에게 헤드헌터는 낯선 one point relief가 아니라 life-time partner가 되었습니다. 100세 시대가 되어 성장기와 노년기를 빼고도 최소 50년을 직업인으로 살아야 하므로 개인별로 5회 또는 10회 직업이나 직장을 바꾸어야 합니다. 그러므로 누가 지속적으로 winning professional이 되느냐는 얼마나 훌륭한 헤드헌터를 파트너로 두고 있느냐에 달려 있습니다. 이런 점에서 헤드헌터는 미래의 유망 직업임에 틀림없습니다. 저자의 생생한 경험과 디테일한 전문 지식이 가득 담긴 이 책은 헤드헌터를 꿈꾸는 분들뿐만 아니라 winning professional이 되고 싶은 모든 분이 손에서 놓아서는 안 될 보물 지도가 될 것입니다.

-레뱅드매일㈜ 대표이사 유지찬-

'헤드헌터' 입문을 위한 실전 지침서!!

다른 사람의 경력을 분석하고 판단하고 조언하는 일에만 관심을 두었지, 정작 나 자신에 대해서는 잊고 있었는데, 이 책을 통해 헤드헌터로서의 내 경력의 시작과 성장 과정을 돌아볼 수 있었습니다. 헤드헌터 입문 혹은 관심 있는 분들에게 좋은 지침서로 추천드립니다.

−김창수 HR맨파워그룹 실장−

이전에는 없던 책입니다.

헤드헌터라는 직업을 갖기 전부터 여러 권의 헤드헌팅 관련 서적을 봐 왔는데, 저자의 책처럼 경험을 바탕으로 진술하면서도 전문적으로 헤드헌터들에게 필요한 내용들을, 절친한 선배가 후배들을 위해 설명해 주듯이 풀어 나간 책은 처음이었습니다. 원고를 받아 든 순간부터 마지막 페이지를 넘길 때까지 내려놓을 수가 없었습니다.

−HR맨파워그룹 이태진 이사−

무엇보다 중요한 것은 이 책을 통해 헤드헌팅에 대한 진실하고 살아 있는 이야기들을 접할 수 있다는 것입니다. 양기욱 부장님의 열정과 훌륭한 생각들이 고스란히 이 책에 녹아 있어 동료로서 뿌듯하고 본받고 싶습니다. '헤드헌터'라는 직업에 관심을 갖고 있는 분들께 권해 드리고 싶습니다.

−황진석 HR맨파워그룹 차장−

본인만의 노하우와 이론 및 경험을 공유하기란 쉽지 않습니다. 후보자의 입장에서 인생의 교차로에 계신 수많은 분에게 바른 방향을 제시해 주는 진정한 커리어코치라 생각합니다. 수년간 곁에서 보아온 동료로서, 때로는 인생의 선배로서 그리고 수년간 알고 지내 온 친구처럼 스마트한 마

인드와 배려와 나눔이 있는 인간미 있는 헤드헌터입니다. 그의 동료라는
게 자랑스럽습니다.

-서동욱 HR맨파워그룹 부장-

이 책을 읽는 독자 여러분은 얼마의 책값으로 그가 헤드헌터로서 걸어
온 약 5년의 시간을, 그동안의 시행착오를, 그렇게 해서 생긴 노하우를 얻
게 될 것입니다.

-성병호 HR맨파워그룹 부장-

쉽게 얻을 수 없는 풍부한 실전 경험과 다양한 정보가 담긴 이 책을 접
하게 된 것은 행운입니다. 사무실 책상에 두고 수시로 꺼내 보는, 저와 가
장 가까운 책이 될 것입니다. 배움을 통해 깨달음을 얻고 그것을 나눔으
로 실천하는 저자와 같이 열정적인 헤드헌터로 성장하고 싶습니다.

-1년차 헤드헌터 이민정-

오랫동안 일선 기자로 뛰었습니다. 현장에서 부딪치며 여러 분야를 다
뤄 온 터라 전문적이진 않아도 잡다하게 많은 지식을 쌓아 왔다고 생각했
습니다. 나름대로 취재원 관리에도 힘을 써서 인맥도 탄탄해 헤드헌터로
서 기본은 갖추었다고 생각했습니다. 그러나 이 책을 읽으면서 헤드헌터의
정의부터 다시 배웠습니다. 왜 이 길을 선택했는지, 어떻게 이 길을 걸어가
야 하는지 많은 생각을 하게 하는 책이었습니다. 지식 전달에 그치지 않고
적절한 예시와 도표, 동료 헤드헌터들의 살아 있는 에피소드까지 버릴 것
이 하나도 없었습니다. 그래서 감히 말합니다. 헤드헌터의 옷을 입고 있는

사람이라면 반드시 한번은 읽어 보아야 할 필독서라고.

-1년차 헤드헌터 이혜숙-

10여 년 전, 대리일 때 회사 사정이 어려워져서 취업 포털에 이력서를 올린 기억이 납니다. 중소기업에서 영업과 마케팅을 하던 제게 많은 분이 전화를 했습니다. 내세울 것은 없었는데 전화가 많이 오니 괜히 우쭐했던 기억도 나고, 건성으로 전화를 받은 기억도 나고, 헤드헌터가 뭐냐고 전화 주셨던 헤드헌터한테 물어본 적도 있습니다. 그 헤드헌터 분은 지금 무슨 일을 하고 있을지 궁금합니다. 이 책을 보고 계신다면 지면을 빌려 예의 없이 말씀드린 것에 대해 정중히 사과드립니다. 지금은 6년 차 헤드헌터지만, 사실 그 무렵부터 헤드헌터에 호기심이 생겼습니다. 30대 초중반일 때는 혼자 잘난 것 같고, 다른 헤드헌터한테 또 전화가 올 것 같았습니다. 그런데 30대 후반부터는 그렇지 않더군요. 나이를 먹으면서 회사에서도 서서히 부담스러워하기 시작했습니다. 그때부터 많이 철들었지만 때가 늦었다고 생각했습니다.

이 책은 헤드헌팅 방법론을 다룹니다만, 이 책을 읽었으면 하는 분들은 삼사십 대 우리나라의 직장인 가장들입니다. 보편적으로 그들은 아내(혹은 남편)와 자녀가 한두 명 있고 빠듯한 수입과 정신없이 나가는 지출을 매달 걱정하며 살아갑니다. 직장의 월급은 한정되어 있고, 충실하게 다니고 싶은데 경기가 좋지 않아 회사의 경영이 악화되거나 팀이 해체되어 다른 길을 찾아야 하는 삶을 때때로 반복하는 분이 많습니다. 그런, 직장 생활에 대한 스트레스를 조금이라도 줄이고, 상사의 눈치를 조금이라도 덜 보고, 시간의 자유를 가지며, 집중해서 정당하게 일한 것에 대해 보상받기를 원하는 분들이 읽었으면 하고 썼습니다. 또한 평소 헤드헌팅에 관심은 있었으나 방법을 잘 몰랐던 분, 이제 막 입문하시는 분, 헤드헌팅 성과가 잘 안 나시는 분, 정보가 부족한 분을 생각하면서 썼습니다.

저도 몇 년 전에는 이 책의 독자층과 같았습니다. IMF 구제금융 시절에 사회생활을 시작해서 취업이 선배들보다 쉽지 않았고, 대학 생활을 충실히 하지 못해서 대기업에 취업이 되질 않았습니다. 중소기업, 벤처기업에서 직장 생활을 하다가 2004년부터 2008년까지 약 4년간 직장 동료들과 사업을 하기도 했습니다. 지금이야 잘 알지만, 중소기업의 연봉이 대기업 연봉과는 많이 차이가 납니다. 그래서 사람들이 "대기업, 대기업" 하는구나 생각했지요. 부동산 자산이 엄청 불어나던 2000년대 초중반에 직장 생활을 하면서 월급으로 집을 사지도 못했으며(지금은 대출받아 안 사길 잘했습니다만), 결국 매월 빠듯한 살림 때문에 사업을 택했습니다. 아내를 설득해 4년 정도 사업을 했지만 결국 직장 생활보다 더 어려워졌고, 그 와중에 첫째 딸인 윤진이가 태어나서 더욱 형편이 어려워졌습니다. 사업도 생각처럼 잘 운영되지 않아 제 역할을 찾기가 어려웠습니다. 2008년이 되면서 정말 많은 고민을 했습니다.

'과연 내 삶의 길은 무엇인가?'

'무얼 해먹고 살아야 하나?'

'과연 나의 적성은 무엇인가?'

그러던 중 2008년 3월 제 생일에 받은, 아내가 쓴 편지를 읽고 사업을 그만두기로 결심했습니다. 그리고 다른 길을 열심히 알아보았습니다.

'그래! 내가 변해야 우리 가족이 산다.'

그때 인생을 살아오면서 크게 없었던 책임감과 절실함이 온몸에 전달됐습니다. 기본적인 생각은 직장을 다시 들어갈 수는 있을지 몰라도 생활이 크게 바뀌지 않는다는 것이었습니다. 저는 제가 열심히 해서 수익이 많이 낼 수 있는 무언가를 찾아보기로 했습니다.

처음엔 2006년에 알게 된 주식 투자와 관련한 투자상담사에 관심을 가 졌습니다. 저는 증권투자상담사와 선물거래상담사 자격증을 취득했습니 다. 투자상담사의 필수 자격증이었으니까요. 그런데 자격증 취득 후 시내 몇 군데 증권사 지점에 가서 알아보니 수익 구조는 물론이고, 제가 생각했 던 가치관과 투자 논리와 전혀 맞지 않아서 많이 실망했습니다. 물론 자금 력 있는 투자자 영업에 대한 생각도 쉽지가 않았고요. 공부한 것은 아깝지 만, 이건 포기해야겠다 생각했습니다. 그런데 이때 공부한, 경제 전반에 대 한 내용들이 헤드헌팅에 많은 도움을 줬습니다. 그때 읽은 한 권의 책,《극 단적 미래예측》(제임스 캔턴, 김영사)이 저를 바꾸어 놓았습니다. 산업공학을 전공했던 저는 1990년대 초에 'R&D'라는 과목을 수강했는데, 이 책을 읽 으면서 그때 생각하던 미래 유망 직업을 떠올렸고, 제임스 캔턴 박사가 책 에서 내건 10개의 의제(agenda) 중에 제가 소화할 수 있으면서 유망한 미래 가 바로 '미래의 인재 전쟁'이라는 걸 알았습니다. 저자는 세계적으로 인재 를 얼마나 많이 확보하느냐가 경쟁 우위의 관건이 되고, 인재 부족 사태가 점점 심화되면서 국가, 개인, 기업은 인재 확보 전쟁에 나설 것이라고 주장 하고 있습니다. 가장 제게 와 닿았던 부분은 '모든 기업과 국가에게 하이 테크 전문 인력을 찾아내는 것이 가장 큰 과제가 될 것이며 가까운 미래에 발생할 인재 전쟁은 유능한 인재보다 일자리가 더 많아지면서 시작될 것 이다'였습니다.

저는 제안받은 모 서치펌의 메일을 보고 헤드헌팅을 알아보게 됐습니 다. 5년이 훌쩍 지난 지금은 그때처럼 고민에 빠져 있지 않습니다. 그 5년간 저는 '業'을 찾게 돼서 기뻤고, 적성과 보람을 느낄 수 있는 일을 하고 있어 좋습니다. 이 일은 리쿠르팅이 전부가 아닙니다. 저는 직업교육, 경력 관리, 코칭에도 많은 관심이 있으며 이런 부분들을 지속적으로 알아보고 있습니다.

이 책은 크게 다음과 같은 분들을 위해 쓴 책입니다.

- 최근 헤드헌팅에 입문하시거나 수익이 잘 나지 않으신 분들
- 직장인들 중 적성에 안 맞거나 비전이 불투명한 분들
- 직장에서 은퇴하시어 창업을 생각하고 계신 분들

물론 헤드헌팅에 대해서 평소 궁금하게 생각한 분들도 포함됩니다. 이런 분들에게 제가 가지고 있던 5년여의 경험들을 공유하고자 글을 썼습니다.

이 책은 헤드헌팅을 잘하시거나 운영하고 계시는 분께는 소용이 없습니다. 다소 사업 리스크가 있는 창업 관련 실무는 배제했습니다. 창업을 위해서는 사무실을 개설해야 하고 잡포털에 지불해야 하는 투자 비용도 많이 들어가기 때문에, 초기에는 국내외 서치펌에 소속 헤드헌터로 입문하는 것을 권합니다. 무작정 하는 서치펌 창업은 헤드헌팅 전문성과 경력 면에서 인정받기 힘들기 때문에 더욱 위험합니다. 모쪼록 이 내용들이 이직을 생각하는 분들은 물론이고, 직업으로 헤드헌팅을 선택한 분들, 입문한 분들, 입문한 후에 일이 잘 풀리지 않으시는 분들께 작은 도움이 되기를 바랍니다. 그리고 이 지면을 빌려 저를 낳아 주신 부모님, 10년 동안 고생한 아내 류주현 여사, 힘들 때 태어나 건강하게 자라 준 큰 딸 윤진이, 매

일 말썽 피우지만 너무 귀여운 아들 우진이에게 우선 감사하고, 졸필을 보시고도 연락을 주신 휴먼앤북스 하응백 사장님, 구본근 편집장님 이하 직원 분들, 저를 물심양면으로 도와주시는 에이치알맨파워그룹 김민호 사장님, 출간 관련해서 조언을 많이 해주신 공학박사 김송호 전무님, 평소 커리어에 대한 고민을 하게 해주신 커리어코치 정현호 이사님, 참석하시는 덕분에 커리어 관련 정보를 지속적으로 주시고 커리어컨설팅을 고민하게 해주신 커리어컨설턴트협회 황은미 회장님, 설문과 에피소드와 서평을 전해준 에이치알맨파워그룹 동료분들께 진심으로 감사드립니다.

2014년 봄의 어느 날

선릉에서 양기욱

| 입문편 |

헤드헌터가 직장인의 대안이 될 수 있을까요?

·

얼마나 벌까요?

·

어떻게 벌까요?

·

어떤 보람을 느낄 수 있을까요?

직장을 구할 것인가, 헤드헌터가 될 것인가?

2008년 찜통더위가 한창이던 8월의 어느 날, 메일을 한 통 받았습니다. 당시 전 약 4년간 해온 사업을 그만두고 무얼 해야 하나 고민하며 아파트 놀이터 벤치에서 담배만 피우고 있었습니다. 우울한 시기였습니다. 나이 서른여덟에 인생의 갈림길에서 자신의 처지를 비관하고, 지난 세월을 후회했으니 말입니다. 맞벌이였던 저는 집사람이 일하러 나간 사이 어린 딸아이의 노는 모습을 보며 서러워서 속으로 울기도 했습니다.

그러던 중 한 헤드헌팅 업체의 제안 메일을 받았습니다. 제 이력서를 보고 헤드헌터로 일해 보면 어떻겠냐는 것이었습니다. 곰곰이 생각을 해보았습니다. 보험 영업도 아니었고, 다단계도 아니어서 '그래, 남한테 무리한 부탁을 하는 게 아니라면 일단 한번 알아보리라' 마음먹고 이튿날 연락하기로 했습니다. 직장 다닐 때 헤드헌터를 통해 이직한 경험이 있어서인지 한편으로는 호기심도 생겼습니다. 하지만 늘 머릿속에 드는 생각은 괜한 시간 낭비 아닐까? 내가 할 게 이거밖에 없나? 그러면서 여전히 채용 사이트에 등록한 이력서를 수정하고, 기술영업 경력자를 뽑는 곳이 없는지 살폈습니다. 하지만 30대 후반에 사업 경력이 있는 이력서를 좋아하는 회사는 많지 않았습니다. 설령 가더라도 직장 생활을 언제까지 할 수 있을까를 고민했습니다. 학창 시절에 부모님이 원했던, 의사나 법관이 되도록 공부를 열심히 할걸 하는 후회가 한두 번이 아니었습니다. 하지만 그건 현실이 아니었습니다.

헤드헌팅 업체에 연락하고 업체 대표와 얘기를 해보았습니다. 칠판에 설명을 무언가 하는데, 뭔지는 모르겠지만 잘만 하면 될 것 같다는 느낌이 10분 만에 들었습니다. 고객사 영업하고, 오더 받고, 후보자 추천하고, 합격시키고 돈 받는다…… 이게 주요 골자였습니다. 프로세스에 따라 시간이 소요될 수 있으나 잘하면 1, 2개월 만에 수입이 가능하다는 것이었습니다. 실업 급여가 마지막 달로 접어들기 일보 직전이라 하려면 빨리 해야겠다고 생각했습니다. 표면적으로는 아주 간단히 한 결정이었지만 월급받는 직장과 월급은 없지만 한 만큼 가져가는 헤드헌팅 사이에서의 갈등을 한 달쯤 했던 것 같습니다.

예전에 한 오락 프로그램 〈TV 인생극장〉을 많이 생각했습니다. '그래, 결정했어!' 하면서 말입니다. 그런데 결정을 하면 뭐합니까? 끊임없이 갈등이 제 머릿속을 지배하고 있었습니다. 이런 갈등을 공감하는 독자가 꽤 있을 거라고 믿습니다.

구분	직장인	프리랜서(헤드헌터)
장점	안정적인 월급 인정받는 가정 경제 활동 인구의 일원	비교적 자유로운 시간 활용 실적에 의한 소득 증가 가능 많은 인맥 형성 가능
단점	상사의 지시 및 보고 의무 실적에 대한 회사 차원에서의 스트레스 연령에 따른 직장 생활 회의감	실적에 대한 스트레스 불규칙한 수입 구조

표 1 직장인과 프리랜서의 장단점

저는 돈보다 자율을 택했습니다. 좀 불규칙하긴 해도 스스로 개척하며, 원하는 삶을 살고 싶었습니다. 2008년 9월이 시작되면서 헤드헌팅을 해보기로 결정했습니다. 당시에 입사했던 서치펌(Search Firm, 헤드헌팅 회사를 말함)은 소규모여서 시스템이 없었습니다. 외부에서 대표나 기존에 계시던 분들이 오더를 가지고 오면 맞는 후보자들을 매치해서 추천하는 방식이었습니다. 지금 생각해 보면 리서처(Researcher)였던 셈이죠. 헤드헌팅 시장에는 컨설턴트와 리서처로 나뉘어 비즈니스를 하는 서치펌이 아직도 많이 있습니다. 흔히 입문하는 사람들은 리서처로, 경력이 좀 되시는 분들은 컨설턴트를 합니다만 이는 시간상의 차이일 뿐, 자신이 하기 나름입니다.

입사 후 첫 한 달은 그냥 지나갔습니다. 출근해서 서치는 하는데, 머릿속으로는 '이게 되는 건가?' '내가 뭐하고 있나?' 생각하며 이력서를 수정하여 채용 회사의 포지션에 지원하기도 했습니다. 한마디로 한 발만 담갔더니, 이도 저도 아니었습니다. 한 달 동안 한 명의 합격자를 냈습니다만, 합격자가 입사를 포기한 영향도 있었습니다. 그러던 중 같이 입사한 동료 헤드헌터들이 석세스(합격 후 입사 완료한 경우)를 내기 시작하면서 위기의식이 들었습니다. 한편으로는 자존심도 상했습니다. '내가 어디가 모자라서 이렇게 뒤쳐지는 것일까?' 하면서 말입니다. 정확하게 한 달이 지난 시점에 결심을 했습니다. '딱 석 달만 해보자, 두 발을 담가 보자.' Java 개발자를 찾는 업무였는데 아주 열심히 했습니다. 새벽까지 후보자 서치하고, 아침부터 전화했습니다. 고객사 설명하고, 후보자 설득하고……

결국 2주 만에 석세스를 했습니다. 정말 기뻤습니다. 비록 큰 건은 아니었으나, 이 일로 수입이 생긴다는 것이 신기했습니다. 기존의 열심히 찾던 후보자 중 2명도 다른 회사로 입사시켰습니다. 한 달에 세 건을 석세스한 겁니다. 그때 비로소 저는 채용 사이트에서 이력서를 닫고, 이 일에 올인하기로 결심했습니다. 아내는 물론, 자식 걱정하셨던 부모님께도 당당하게 헤드헌팅 한다고 알렸습니다. 그렇게 2008년 가을과 겨울은 지나갔습니다. 이제 헤드헌팅은 저의 업(Vocation)이 된 겁니다.

저는 IMF 취업 세대입니다. 호주에서 1년 동안 어학연수를 하고 귀국한 다음 취업 시장을 두드렸으나 저의 학점과 실력으로는 대기업에 입사하기 어려웠습니다. 저는 다 떨어졌고, 산업공학과 동기들이나 동아리 동기들은 몇몇 대기업에 입사했습니다. 저는 학교 선배님이 운영하던 중소기업에서 일했습니다. 많은 것을 배웠고, 사회생활에 적응하도록 선배님(대표님)께서 많이 도와줬습니다. 그러나 3년 후 회사의 경영 악화로 이직을 해야 했고, 저는 다우인터넷이라는 다우기술 계열사에 입사했습니다. 당시에 UMS(Unified Messaging System)라고, 꽤 큰 반향을 일으켰던 서비스라서 막연히 좋아했던 기억이 납니다. 지금도 그때 동료들과 가장 많이 연락하고 지냅니다. 사업도 3년여의 직장 생활을 같이한 동료 몇몇과 했는데, 그땐 일단 저지르고 보는 혈기 왕성한 시기였던 것 같습니다.

위의 몇 줄이 저의 사회생활 10년입니다. 지금 생각해 보면 경력 관리에 대한 고민도, 계획도 없었습니다. 경력 관리가 제대로 이뤄지지 않으면 20대 후반에서 30대 초중반까지 뒤도 안 보고 달려온 저와 같은 직장인에게는 어느 날 갑자기 미래에 대한 불안감이 엄습합니다. 후보자들과 상담하면서 여러 가지 유형을 만납니다. 자기가 최고라고 생각하는 유형, 경력에 자신 없어 하는 유형, 실력을 갖춤과 동시에 겸손한 유형 등 헤드헌팅을 하면서 하게 된 생각 중 하나는 헤드헌팅은 경력도 추천하지만 무엇보다 시간을 추천한다는 것입니다. 채용 시장에 서울대 전자공학과를 나온 40대 후반의 경력자와 전문대 출신의 30세 경력자 중 누구에게 구인 의뢰가 많이 올까요? 극단적이긴 합니다만, 자기의 경력이면 어디든 갈 수 있다는 생각은 1년, 2년, 10년이 지나면서 서서히 사라집니다. 시간은 금입니다. 대부분 시간이 흐를수록 자신감은 없어지고 위기감은 높아집니다. 그러면, 이것을 어떻게 해야 조금이나마 극복할까요?

첫째, 일관성 있는 경력을 쌓아야 합니다(희망하는 직종이나 업종이 자주 바뀌면 안 됩니다).

둘째, 연봉을 올리기 위해 이직이 너무 잦으면 안 됩니다.

셋째, 꾸준한 자기 계발을 통해 개인의 가치(Personal Value)를 계속 쌓아야 합니다.

또한 자기 경력의 방향을 설정하고, 커리어컨설턴트나 본인의 정신적 멘토와 상담해 보는 것이 좋습니다. 개인 사업을 하고자 하는 분은 노력 안 해도 될까요? 그렇지 않습니다. 꾸준하게 직장에서 경력을 쌓으신 분들은 그 경력으로 얻은 공고한 인적 네트워크와 노하우를 통해 사업도 잘할 확률이 높습니다.

헤드헌팅이 제게는 매력적인 이유가 몇 가지 있습니다. 첫째, 자신이 한 만큼 성과가 나는 정직한 직업입니다. 성과가 겹쳐서 올 때도, 반대로 불운이 겹쳐서 올 때도 있습니다. 하지만 저나 회사의 동료들을 보면 꾸준하게 하는 사람은 대부분 성과를 냅니다. 헤드헌팅은 자기 관리를 하는 성실한 분에게 분명히 기회를 줍니다.

둘째, 후보자들의 경력과 삶을 보면서 자신의 삶을 돌아보고, 향후 인생 설계에 도움을 받습니다. 헤드헌팅을 하다 보면 경력이 화려한 분이 참 많습니다. 하지만 그들은 화려한 경력을 잘못된 선택이나 자만심으로 망가뜨립니다. 대부분 업 앤 다운(Up & Down)을 많이 겪습니다. 이는 잘나갈 때 자만하고, 못 나갈 때 심기일전해서 경력을 쌓기 때문입니다. 그렇게 볼 때, 삶을 꾸준히 개발하고 노력하는 분들은 경력이 쌓여 가고, 개인의 가치가 세월이 지날수록 높아진다는 느낌을 받습니다. 이는 삶을 살아가는 향후 인생에 있어 중요한 가르침을 줍니다.

셋째, 어려운 환경에 있는 후보자들을 적절한 포지션에 합격시켰을 경우의 보람은 안 해보면 느끼지 못하는 경험입니다. 대개 30대 후반부터 직장인들은 갈등을 많이 겪습니다. 저도 그랬습니다. 직장 생활을 언제까지 할 수 있을까? 조직에서 내가 필요하지 않을 때는 어떻게 해야 하나? 조직이 나를 부담스러워하면 어쩌나? 나보다 더 훌륭한 후배들이 내 자리를 차지하면 어떻게 하나? 거기에 교육비, 생활비, 금융비 등으로 삶의 무게는 더해집니다. 이런 고민들로 머리가 아픈 직장인 가장이 많습니다. 그러한 고민을 하는 후보자에게 좋은 직장을 소개해 줘 연봉 상승이나 복리 후생 향상, 성취감을 느낄 수 있는 기회를 제공하면, 후보자에게 고맙다는 말을 종종 듣습니다. 헤드헌터로서 보람을 느낄 때입니다.

넷째, 성과에 따른 보상의 불안정함이 있으나, 그 성과가 때론 상당히 큽니다. 헤드헌터는 보통 기본급 없이 성과급이 수입입니다. 일부 헤드헌팅 회사들은 기본급＋인센티브입니다만, 세상에 공짜는 없습니다. 기본급＋인센티브는 기본급으로 인한 기본적인 보고나 서류 작업, 근태 등 처우와 관련되어 수반됩니다만, 완전 성과급 제도는 철저히 개인의 자율에 의합니다. 그만큼 불안정한 수입이 큰 단점입니다만, 이 제도는 적절한 성과를 냈을 경우 통장에 수천만 원이 입금되기도 합니다.

다섯째, 생활을 절제하고 경건하게 하는 기능이 있습니다. 헤드헌팅을 하다 보면 여러 사고가 생깁니다. 헤드헌팅의 조건에는 무조건부(Retainer Base)와 성사 조건부(Contingency Base)가 있습니다. 국내 서치펌의 경우 대부분 후자의 형태로 고객사와 계약하는데, 이는 수입의 불안정성을 부채질하기도 합니다. 무조건부는 채용 의뢰사와 계약할 때 선수금을 서치펌에 제시하고, 채용이 성사됐을 경우 성공 사례금으로 잔금을 지급하게 됩니다. 하지만 성사 조건부 계약은 채용이 이뤄졌을 때만 수수료를 지급합니다. 따라서 합격한 후보자가 입사를 포기하거나 연봉 때문에 틀어질 경우, 서치펌은 채용 의뢰사로부터 한 푼도 지급받지 못하게 됩니다. 이 외에도 면접에 불참하는 경우, 인·적성 검사를 안 보는 경우 등 여러 위협 요소가 있습니다. 그래서 저는 가급적 건전하게 생각하고, 절제하려 노력합니다. 간사하게 들릴 수도 있지만, 중요한 채용 때는 신앙의 힘을 빌리기도 합니다. '잘되게 해주십시오' 하고 말입니다.

저도 느끼고 동료들한테도 종종 듣는 얘기입니다만, '롤러코스터를 경험하고 싶다면 헤드헌터가 되라' '모 아니면 도를 원하면 헤드헌터가 되라' 이런 웃지 못할 말들은 모두 이런 프로세스 도중에 발생한 사고들로 인한 애환들입니다. 저는 그러한 애환들을 조금이나마 완화시키기 위해 계속 노력하고 있습니다.

이렇듯이 헤드헌팅은 불안 요소도 있으나 다이내믹하며 분명 매력이 있는 직업입니다. 학자들이 선택한 미래의 유망 직업에도 헤드헌터는 상위권을 차지하고 있습니다. 인맥이 중요한 채용 시장에서 고객사나 후보자에게 신뢰를 얻는 것은 헤드헌팅의 가장 중요한 것이라고 볼 수 있습니다.

누구나 헤드헌터가 될 수 있습니다만, 롱런하는 헤드헌터는 많지 않습니다. 헤드헌터가 가지면 좋을 자질로 다음 몇 가지가 있습니다.

1. 직관력
2. 성실성
3. 능동성/유연성/협상력
4. 순발력
5. 외국어 능력
6. 인맥 관리 능력
7. 도덕성/신뢰

물론 모든 부분이 필수는 아닙니다만, 어느 하나 중요하지 않은 것도 없습니다. 포지션과 후보자를 본능적으로 매치시킬 수 있는 능력이 직관이며, 성실성은 두말할 필요가 없고, 유연하면서 협상력이 있어야 후보자 및 고객사와의 비즈니스에서 승리할 수 있습니다. 지속적인 정보 수집을 통해 포지션과 후보자를 발견하는 순발력도 있어야 합니다. 외국어는 잘할

수록 외국계 기업과 많이 거래할 수 있으므로, 역시 좋은 장점입니다. 인
맥은 넓기도 해야 하지만, 깊어야 좋습니다. 그래야 다른 비즈니스로 파급
효과가 생깁니다. 마지막으로 도덕성은 헤드헌팅을 장기적인 업으로 보고
가려면 필수입니다. 아무리 좋은 성과를 내는 헤드헌터라도, 도덕성과 신
뢰를 시장에서 잃게 되면 결국 도태될 것입니다. 이를 잃지 않도록 저도
지속적으로 노력하고 있습니다.

헤드헌터는 얼마를 버나요?

헤드헌팅을 하다 보면 이직보다는 헤드헌팅에 관심 있는 후보자가 상당수 있습니다. 저를 통해 헤드헌팅을 알아보고, 현재 같은 회사에서 근무하는 분도 있습니다. 그분들이 저보다 더 잘합니다. 잘하고 못하고는 어느 정도 타고나거나 운도 작용한다고 생각하지만, 기본적으로는 꾸준한 실천력에서 판가름 난다고 믿습니다. 그분들이 더 잘하니 저도 꾸준히 하는, 이런 상황이므로 서로 상생한다고 해야 할까요? 그분들도 헤드헌팅을 하면서 똑같이 생각할 겁니다.

그럼 헤드헌터는 어느 정도 수익을 가져갈까요? 답은 천차만별입니다. 어떤 분은 시작하고 1년 동안 석세스를 못하다가, 꾸준히 노력하여 2년 차부터 잠재력이 폭발했습니다. 그런가 하면, 신입인데 시작한 지 2주 이내에 석세스하는 분도 있습니다.

제 동료들에게 물어보았습니다.

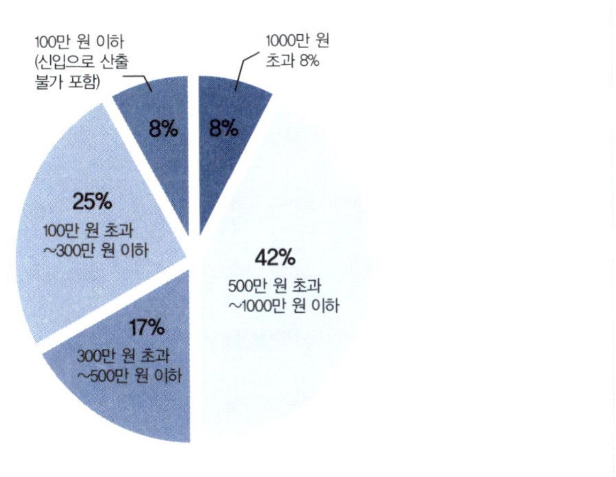

그림 1 헤드헌터로서의 현재 월평균 수입은?

단지 30여 명의 통계치이기 때문에 오차가 많습니다. 그리고 연도별로 달라서 중복으로 답변한 분도 있고 답변을 안 한 분도 있습니다. 또한 현재 재직하는 분들의 수익이기 때문에 일정 기간 헤드헌터로서 일하다가 그만둔 분들의 통계가 배제되어 오차가 있을 수 있습니다. 현재 재직 중인 분들의 데이터라고만 참고하십시오.

제가 아는 한 분은 첫 해에 2억이 넘는 수익을 얻었지만 이듬해는 반도 못 미치는 7000만 원을 내서 상대적인 좌절감을 느끼고, 그다음 해에 3000만 원도 수익을 내지 못해 헤드헌팅을 그만두었습니다. 업무를 진행할 때 고객사나 후보자와 진실된 의사소통을 하지 못하고 신뢰가 무너지자 그분의 평판이 시장에 좋지 않게 퍼지면서 일을 그만두신 것으로 들었습니다. 이는 일을 너무 단기적으로 바라보고 매출에만 급급했기 때문이 아닌가 합니다.

제 동료 중에는 최근 2, 3년간 꾸준히 월 3, 4건씩 석세스하는 분도 있습니다. 같은 헤드헌터입니다만, 정말 대단합니다. 노하우를 물어보지는 못했지만, 성실하게 업무를 진행해 나갔기 때문일 것이라 믿습니다. 시작한 지 1년여 동안 석세스를 못 냈습니다만, 이 일을 포기하지 않고 끝까지 해낸 분도 있습니다. 지금은 아주 잘합니다. 그런가 하면, 직장 생활을 오래한 주부 동료도 있는데, 그분도 매우 훌륭하게 업무 처리를 하고 성과를 내고 있습니다. 이 일은 진입 장벽이 낮은데다 실천하는 사람에게는 공평한 결과를 주는 것 같습니다.

헤드헌터의 수익은 이 책을 다 읽으면 어느 정도 계산할 수 있겠습니다만, 잠시 말씀을 드리자면 다음과 같습니다. 헤드헌터는 고객사와 서치펌의 계약 조건에 따라 대략, 입사자 계약 연봉의 20% 정도를 채용 수수료로 받습니다. 고객사에서 수수료를 인하하기를 희망하는 경우가 종종 있는데, 수수료를 인하해 주면 회사의 인재 수요(pool)가 절실하다 해도 서비스의 질이 떨어질 수밖에 없습니다. 인재 수요가 많지 않은 직종에서는 수수료를 인하하면 동기부여가 안 됩니다. 다른 조건 좋은 고객사들에게 인재 추천을 중점적으로 해줄 수밖에 없습니다. 따라서 수수료 협의는 이 일의 동기부여 차원에서도 중요합니다. 고객사에서도 수수료를 인하하는 것이 꼭 좋은 것이 아님을 인지해야 합니다. 또한 우수한 인재들은 취업 포털에 등록하지 않고 오프라인에 있는 경우가 많기 때문에, 그러한 인재들을 매치해야 하는 서치펌의 노력을 정당하게 얘기할 수 있어야 합니다. 정보력이 약한 서치펌은 온라인 서치를 위주로 하여 수수료를 낮추는 경우도 있습니다만, 고객사의 입장에서 장기적으로 거래를 하다 보면 적임자 추천 빈도를 몸소 느낄 수 있을 것이라 생각합니다. 대부분의 대기업이나 글로벌 외국계 업체가 대형 서치펌을 선호하는 이유도 이와 다르지 않습니다.

　연봉이 5000만 원인 입사자에 대한 수수료 청구 시 수수료율이 20%라면(이렇게 계약했다면) 고객사에서는 서치펌에게 1000만 원(=5000만 원×20%)을 지급해야 합니다. 그것이 서치펌의 매출이고, 그 매출을 서치펌과 소속 헤드헌터가 나누게 됩니다. 통상 서치펌마다 헤드헌터와는 파트너십으로 계약을 하는데, 기본급이 있는 서치펌도 있고 없는 서치펌도 있습니다. 두 가지 형태를 비교해 보겠습니다.

구분	기본급이 있는 서치펌	기본급이 없는 서치펌
특성	기본급+인센티브제(대략 30% 내외)	완전 인센티브제(50%~70% 내외)
장점	기본급이 있어 다소 안정적 실적 기준으로 추가 수익 가능	인센티브율이 높아 고수익 가능 개인의 자율이 보장됨(자신이 하기 나름)
단점	기본급이 있어서 자율성이 제한됨 문서작업이나 회의나 보고가 있을 수 있음 실적을 못 냈을 경우 스트레스가 심함	기본급이 없어 수익이 불안정함

표 2 서치펌과 헤드헌터 간 수익 배분

　따라서 기본급이 없는 서치펌에 재직 중인 프리랜서 형태의 헤드헌터가 가질 수 있는 수익은 다음과 같습니다. (입사자 연봉 5000만 원, 채용 수수료 20%, 서치펌과 헤드헌터 수익 배분 비율 60%, 즉 4:6으로 가정)

헤드헌터의 수익: 5000만 원×20%×60%×96.7%(개인소득세(3.3%) 공제)

=약 580만 원

저는 기본급이 있는 형태를 선호하지 않습니다. 자율에 맡겨서 자신이 한 만큼 수익을 가져가는 스타일을 좋아합니다. 물론 헤드헌터의 수익 배분율이 훨씬 크기 때문에 선호하는 것이 가장 큰 이유임은 부인할 수 없습니다.

저는 2008년 9월부터 현재까지 매월 평균 1.2건 정도 합격자를 냈습니다. 물론 어떤 때는 몇 개월 동안 합격자를 못 내는 경우도 있고, 운 좋게 한 달에 5명을 채용시킨 적도 있습니다. 합격자를 1명 남짓밖에 못 냈냐고 하는 분도 있을 겁니다. 이 일을 해보신 분들은 공감하겠지만, 후보자가 최종 합격한 경우는 많습니다. 그런데 연봉 협상 단계에서 틀어지거나 다 합의됐으나 다른 회사를 선택하거나 주위의 만류로 현 직장에 계속 남습니다. 마지막에 이렇게 되면 헤드헌터 입장에서는 고객사에게 채용 수수료를 받지 못하기에 충격이지만, 그보다도 객관적으로 이직하는 것이 경력에 도움이 됨에도 포기하는 경우는 안타깝습니다. 헤드헌터가 설득한다고 해도 잘 설득되지 않습니다. 입문 초기에는 여러 방법으로 설득해 보았습니다. 1시간 동안 전화도 해보았고, 장문의 편지도 써보았고, 직접 찾아가서 설득도 해보았습니다만 어쩔 수 없더군요. 생각나는 이야기가 하나 있습니다. 후보자 K 씨의 경우입니다.

후보자 K 씨(38세, H대 전기전자공학과 출신)는 반도체 설계 경력자였습니다. 원래 다른 중소기업의 지원 건으로 진행해 보려다 처우가 잘 맞지 않아서 중도에 포기했는데, 그러던 중 저의 동료가 진행하는 대기업 S사에 반도체 설계 책임급 포지션이 있어서 제안했습니다. 대기업은 이직이 많으면 지원이 안 되는 것이 보통입니다만, 해당 포지션의 경력이 워낙 희소성이 있어서인지 이직이 세 번 있었음에도 서류에서 합격했습니다. 1차 면접, 2차 면접도 모두 합격해서 저는 안심했습니다. 그런데 출근일을 잡고 나서 연락이 되질 않더군요. 그래도 대기업인데, 경력을 봐도 연봉(2000만 원 이상 인상)을 봐도 출근하지 않을 이유가 전혀 없었습니다. 그런데 이 후보자가 어느 날 저녁에 전화해서는 출근이 힘들겠다고 말했습니다. 머리가 아찔하여 사유를 물었으나 시원하게 답변을 못했습니다. 다음 날 성남의 한 커피숍으로 찾아갔습니다. 거기서 후보자에게 들은 답은 정말 의외였습니다.

"연봉과 처우가 좋아 좋은 기회임에는 분명하나, 자신이 맡을 역할을 충분히 다른 분들이 할 수 있을 것으로 생각합니다. 솔직히 저는 대기업에서 그 역할을 수행해 낼 자신이 없습니다."

안타까웠습니다. 그럴 거면 지원은 왜 했으며, 면접은 왜 봤느냐고 묻고 싶었지만 차마 얘기는 못하고 받아들였습니다. 그때 제가 얻은 교훈은 후보자의 성향을 잘 파악하고 미리 알아 놓아야겠다. 그리고 어떤 우수한 기업도 입사를 포기하는 후보자가 있다. 그 이후로는 방심하지 않습니다.

이런 일들이 있으면 꼭 슬럼프가 찾아옵니다. 설상가상으로 그런 일들이 겹칠 때도 있었는데, 그럴 때는 며칠 쉬었다가 업무에 다시 집중하는 것이 낫습니다.

후보자를 강하게 설득해서, 출근해 보고 생각하라고 할 수도 있었습니다. 하지만 저는 헤드헌팅을 업으로 삼았고, 장기적으로 보고 싶었습니다. 당장의 성공보다는 장기적인 플랜을 세우고 싶었고, 후보자의 의견을 존중하고 가급적 후보자의 경력을 케어해 주고 싶었습니다. 이렇게 헤드헌팅은 입사를 완료시키기까지 많은 우여곡절이 있습니다. 헤드헌팅은 확률 싸움입니다. 합격을 더 많이 시키면 된다는 마음가짐으로 임해야 합니다.

월평균 1건만 협업이 아닌 단독으로 성사시켜도 웬만한 직장인 급여 못지않거나 더 낮습니다. 저는 상기 수익 구조에서 수익을 높일 수 있도록 고객사와 수수료를 합리적으로 협상하도록 힘씁니다. 또한 차부장급이나 임원급을 진행하면 연봉이 크게 올라가고, 그럴 경우 수수료를 통상 더 높게 잡기 때문에 헤드헌터가 얻을 수 있는 수익은 더욱 커집니다. 5년 동안 안 된 해도 있고 잘된 해도 있습니다만, 2010년부터 소득세를 신고할 때 복식부기 대상자가 됐습니다. 저의 직장 생활과 사업 기간 동안의 소득보다 수입이 많이 증가했습니다.

헤드헌팅의 또 다른 장점은 자신만 관리를 잘하면 직장인보다 스트레스가 훨씬 덜합니다. 가끔씩 만나는 친구들과의 술자리에서 항상 직장에 대한 친구들의 스트레스를 듣곤 합니다. 미래에 대한 걱정이죠. 즉, 회사를 그만두면 무엇을 해야 할지, 서론에서 얘기한 고민을 친구들은 하고 있습니다. 저는 그런 친구들을 보면 안타깝기도 하지만, 보통 제가 일을, 아니 제 업을 잘 선택했구나 하며 위안을 삼습니다. 수익이 높을 때도 있고 낮을 때도 있지만, 무엇보다 제가 위안이 되는 부분은 이제 더 이상 시간에 대해 초조해 하지 않는다는 점입니다. 시간이 흐르면서 저는 많은 사람의 이력서와 네트워크를 형성하면서 자산이 점점 느는 것이 좋습니다. 현재의 수익과는 관계없이, 언제든지 자산을 잘 엮어 비즈니스를 펼쳐 나갈 수 있습니다.

헤드헌팅 채용 스토리

몇 가지 기억나는 채용 진행 성사 경험담(Recruiting Process/Success Story)이 헤드헌팅을 궁금해 하는 분들에게 조그만 도움이 됐으면 좋겠습니다.

잊지 못할 첫 석세스

시기: 2008년 10월경

의뢰 업체: 중견 웹에이전시

포지션: Java 개발자

2008년 10월부터 열심히 후보자를 서치한 포지션은 중견 웹에이전시의

Java 개발자였습니다. IT 기술영업을 했던 제게 Java는 낯설지는 않았습니다만, 막상 채용 포털에서 찾아본 Java 개발자들의 개성(Personality)이 워낙 강했던 탓에 상심도 많이 했고, 자존심 센 후보자들과 얘기하면서 속도 상했었습니다. 하지만 새벽까지 반복해서 서치하고, 자격 요건을 완화시켜서 좀 더 많은 후보자를 발굴하고자 힘썼습니다. 그러던 중에 2주 만에 첫 합격자를 냈습니다. 당시 의정부에 살았던 후보자의 집 앞까지 찾아가서 설명하고 설득하여 채용 프로세스를 완결했습니다. 지금 생각해 보면 정말 열정적으로 임했던 것 같습니다. 연봉이 높지 않아 수수료는 크지 않았습니다만 그래도 가장 기억에 남는 석세스입니다. 이 일이 잘하면 되겠구나, 라는 생각을 심어 주었으니까요. 지금은 그 열정이 많이 준 것 같아 아쉽지만, 좋은 경험이었습니다. 다른 중견 기업에 Java 개발자가 필요하다고 할 때 서치해 둔 후보자들을 활용, 11월에는 3명의 합격자를 냈습니다.

Java 개발자는 당시 웹 환경이 대부분 Java로 전환되면서 귀해진 탓에 후보자들이 목에 힘주고 다녔습니다. 전화번호도 없고, 메일을 보내도 무성의하고, 때때로 핀잔도 주고, 연봉에 상당히 민감해서 "날 어떻게 보고 그런 포지션에 추천하세요?"라는 반응도 보였습니다. 하지만 굴하지 않고 꾸준히 인재들에게 연락했고, 서치하다 보면 분명히 관심을 가지는 후보자가 있다는 것을 알았고, 일이 잘되려면 나 자신도 그쪽 분야에 대한 지식이나 인맥이 풍성해야 함을 느꼈습니다.

후보자의 입장에서 생각하게 된 계기

시기: 2009년 2월경

의뢰 업체: 반도체 장비 회사

포지션: 공정개발자

2009년 2월에 5명을 입사시켰는데, 이때 기억나는 사연이 하나 있습니다. 국내 일류 대학을 나와서 삼성전자에서 반도체 엔지니어를 하다가 한의사 시험 준비로 회사를 그만둔 후보자가 있었습니다. 반도체와 한의학, 정말 다른 영역이죠. 후보자는 공대를 나와서 대기업에 입사했는데, 적성과 너무 다른 업종과 직무를 하고 있었습니다. 그래서 회사를 그만두기로 했으나 주위에서 만류했습니다. 하지만 고민을 거듭한 결과 한의대 시험을 보기로 했답니다. 그러나 원하는 결과가 나오지 않았고, 신혼 때라 다시 직장을 구해야 할 형편이 됐습니다.

다시 취업을 하려고 하니 만만치가 않았습니다. 장비 회사에서는 소자업체 출신을 원했고, 후보자들을 컨택해 보니 잘 안 가려고 했습니다. (지금은 그 이유를 잘 압니다만 그땐 설득하려 했습니다.) 이 후보자를 설득하려 주말에 상계동 집에서 인천까지 갔습니다. 지금 생각해 보면 열정이 넘쳤던 거죠. 후보자도 저의 열성에 웃음을 지으면서 지원 의사를 밝혔고, 합격했습니다. 사실 이때만 해도 반도체 분야의 특성이나 업종 현황을 다 파악하지 못해 진땀을 꽤 뺐습니다. 헤드헌터가 되고 1년도 채 안 됐을 때입니다. 그래서 고객사 위주로 생각했고, 고객사가 원하는 스펙이 맞다 싶으면 무조건 돌진했습니다. 훗날 안 사실입니다만, 이 후보자는 1년을 못 채우고 퇴사해서 다른 대기업에 들어갔다고 합니다. 이는 회사 입장에서도 후보자의 입장에서도 별로 도움이 되지 않는 거죠. 곰곰이 생각했습니다. 이런 일을 극복하려면 내가 알아야 하는 인재의 풀이 훨씬 많아야 하고, 그러한 인재들에게 경력 관리를 할 수 있도록 제시하는 포지션도 풍성해야겠다고 말입니다. 이 일이 있은 다음 후보자의 입장을 적어도 한 번은 생각해 보는 마인드를 가지게 됐습니다.

오프라인 인맥을 동원하라

중견 쇼핑몰 포지션 중에 의료용품 MD 포지션이 하나 있었습니다. 이 분야는 제게도 생소한 터라 관련 업계 분석부터 시작했습니다. 후보자를 찾기 위해 가장 많이 쓰는 방법이 채용 포털의 인재 DB를 보는 것입니다. 하지만 고객사의 상당수가 그 DB를 보기 때문에 이제는 희소성이 없어졌고, 해당 분야 인재들도 온라인에 이력서를 올리지 않는 경우가 훨씬 많습니다. 이 포지션도 의뢰 업체에서 원하는 스펙이 온라인에는 없었습니다. 그래서 분석한 업계의 담당자들을 상대로 오프라인으로 적임자를 만났습니다. 대략 10개의 관련 업체가 있었는데 (해당되는 업체의 일반 번호만 보고) 혹시나 해서 해당 업체에 재직 중인 후보자 모두를 파악해 보았습니다. 다행히 몇 명을 찾았고, 그 인재들에게 솔직하게 말했습니다.

"헤드헌터인데 포지션을 추천하려는 것이 아니고 어떤 인재를 찾고 있습니다. 도움을 요청합니다."

황당해 하는 분도 있었고, 바빠서 귀찮다는 분도 있었습니다. 숱한 거절을 받았습니다만 지성이면 감천인지 그중에 두어 분이 도움을 주셨고, 그 도움은 꼬리에 꼬리를 물고 관련 인재를 소개받기에 이르렀습니다. 이런 경우는 제대로 된 후보자만 추천하면 무조건 합격이기 때문에 후보자를 회사 근처 커피숍에서 만나 1시간여 설득했고, 그 후보자는 1주일 정도 고민하다 지원했습니다. 고객사에서는 적임자였기 때문에 바로 면접을 진행했고, 합격했습니다. 소개받은 후보자 리스트 중에 마침 이직을 생각하던 분도 함께 추천했는데 고객사에서 사업 론칭 시기라 더 채용하겠다고 하여 추가 합격을 했습니다. 후보자들은 신규 사업 론칭이지만 처우 조건이 인상되어 고마워했습니다.

잃어버린 경력을 찾아서

시기: 2010년 2월

의뢰 업체: 기계장비 제조 회사

포지션: 전략기획

　30대 중후반은 한창 회사에서 최고일 때입니다만, 한편으로는 자기 사업을 해보고 싶은 시기이기도 합니다. 일류 대학을 졸업한 K모 씨는 대기업과 중견 기업에서 전략기획 및 경영기획을 담당했던 후보자입니다. 당시 후보자는 중견 기업에서 약간의 갈등이 있어서 10여 년의 경력을 남기고 퇴사했고, 30대 후반에 이런 일을 겪게 되자 사업을 생각했습니다. 예전에 취업 포털에 있던 이력서를 보고 제가 K모 씨에게 전략기획 포지션을 제안했을 때는 1년여의 공백이 있었는데, 대화하다 보니 회사를 그만두고 사업을 하고 있다고 했습니다.

　"전 헤드헌터 양기욱이라고 합니다. ○○○ 차장님 되시죠?

　"예, 그렇습니다만……."

　"예전에 취업 포털에 있던 이력서를 보고 연락드리는데요, 1년 전 이력서라서 최근 근황이 궁금합니다만, 혹시 최근에도 이직 의사가 있으신지요?"

　"음…… 그게…… 현재는 회사를 그만두고 사업을 하고 있습니다……."

　그래서 알겠다고 인사하던 순간, 후보자의 목소리에서 아쉬움과 가느다란 떨림을 느꼈습니다. 얘기를 이어가다 보니 사업의 내용은 자신의 기획과는 관계없는 식당 운영이었고, 현재 하던 식당 운영은 녹록치 않았습니다. 오랜 대화 끝에 결국 K모 씨는 지원했고, 지방에 있던 의뢰 업체의 전략기획 포지션에 합격해서 출근하게 됐습니다. 면접 전에 후보자와 만나서 이런저런 얘기를 했고, 지방까지 면접 동행을 했습니다. 최종 합격하고 연봉 협상을 잘 마친 다음 후보자에게 감사하다는 연락을 받고 많이 기뻤습니다. K모 씨는 사업 때문에 잃어버린 경력을 되찾은 케이스였습니다.

일거양득의 행운

이 일을 하다 보면 가끔 운이 많이 따릅니다. 소 뒷걸음치다 쥐 잡는다 했던가요? 당시에 제가 그랬습니다. 원래 채용 인원은 1명이었는데, 고객사의 요청 사항에 적합한 후보가 2명 합격했습니다.

5월의 기계장비 업체에서 기구설계 포지션이 있었습니다. 이 분야는 보통 경쟁사 출신을 원하지만 업체 간 협의 아래 지원이 힘듭니다. 그럼에도 서로의 경쟁사에 지원하는 경우가 있습니다. 특히 대리·과장급은 관련 경력이 대부분 7, 8년 내외이기 때문에 자신의 경력을 살릴 수 있는 동종 업계로, 경쟁사임을 알고도 이직을 많이 합니다. 물론 한 회사의 업무 공백이 생길 정도로 많은 사람을 빼가는 것은 도의적인 차원에서도 안 됩니다만, 취업 포털에 자신의 이력서를 올려놓은 것은 기본적으로 이직 의사가 있는 경우이므로 대화를 해보고 채용 진행을 합니다. 당시 기구설계자 A 과장이 자신이 B 차장과 친한데 같이 이직을 고민하고 있다며 제게 문의를 해왔습니다. 저는 고객사에게 상황을 설명했습니다. 대리·과장급 포지션이었음에도 A 과장은 물론, B 차장도 합격했습니다.

9월에는 하드웨어 개발자를 채용하던 외국계 회사에서 (지원자는 서로 몰랐으나) 면접에서 높은 점수를 받은 차점자도 뽑아 채용이 2명으로 늘어났습니다. 본 채용 건은 1명을 뽑는다고 알고 있었으나, 회사에서 면접에서 2등한 후보자도 같이 채용하겠다고 연락해 왔습니다. 후보자들은 경력 관리상 잘됐고, 저는 두 배의 채용 수수료를 챙겨 만족했던 케이스입니다.

채용 공고의 중요성

전자, 기계, 반도체 분야를 주로 하다 보니 사람을 찾기가 쉽지 않았습니다. 그러던 중 전자·반도체 기업에서 회계사 구인을 의뢰해 왔습니다. 이런 포지션은 사람이 많아서 쉽겠다, 라고 속으로 쾌재를 부른 기억이 납니다.

하지만 그때 경험했습니다. 이런 포지션은 많이 오픈되기 때문에 오히려 채용이 힘들다는 것을. 저 말고 다른 서치펌도 열심히 추천하고 있을 것이고, 이런 포지션은 취업 포털이나 회계사협회 홈페이지에 고객사가 직접 채용 공고를 내기도 하기 때문에 경력자를 추천해서 합격시키기가 쉽지 않습니다. 그만큼 보는 눈이 높기 때문입니다. 제 전공이 회계 쪽이 아니라서 인맥도 많이 없었고, 더군다나 외국계라서 영어를 요구하기 때문에 많이 힘들어 적절한 후보자를 추천 못하고 있던 차에, 채용 공고를 보고 명문대 출신의 영어 잘하는 후보자가 지원했습니다. 후보자가 적합하다고 판단한 저는 직무 요강과 채용 배경, 조직원 등을 설명하기 위해 바로 만나러 갔습니다. 역삼역에서 후보자와 사전 인터뷰를 하는데 성향도 좋고, 학력도 좋고, 영어도 잘하고, 겸손해서 '합격이다'라는 느낌이 왔습니다. 아니나 다를까, 후보자는 거침없이 까다로운 1, 2, 3차 면접을 모두 통과하고 당당히 합격했습니다. 그때 다짐했습니다. 채용 공고는 꼼꼼하게 체크해서 잘 올려야겠다고.

학력보다는 경력

시기: 2011년 2월

의뢰 업체: 외국계 전자·반도체 회사

포지션: FAE(Field Application Engineer)

이 포지션은 기억에 많이 남습니다. 제가 포지션 의뢰를 받은 것은 2010년 말이었는데, 자격 요건은 대졸(학사) 이상이었습니다. 이때 서류 탈락자와 면접 탈락자가 많았습니다. 서류상에 있는 경력은 맞는 것 같은데, 실제 면접에서 보면 관련 경력이 아니었습니다.

헤드헌터의 시간 운영상 이렇게 시일이 많이 소요되고 채용이 힘든 경우는 빨리 단념하고 다른 포지션을 진행하는 것이 답입니다. 그래서 저도 본 포지션에 많이 집중하지 않고 다른 포지션을 진행하고 있었습니다. 그러던 중 탈락한 후보자가 자신의 지인 A 차장을 소개시켜 주겠다며 이력서를 보내 줬습니다. 경력은 비슷했지만 전문대 졸업생이었습니다. 처음에는 지원이 힘들 것 같다고 A 차장에게 솔직히 얘기했습니다. 상황이 이러하고, 학력과 경력 전체적으로 전형 대상이 되기 힘들 것 같다고. 그러던 중 소개를 시켜 준 분의 말이 생각났습니다. 본 포지션을 다룰 수 있는 사람이 많지 않고 실무를 A 차장만큼 잘하는 사람이 없다는 것을. 그때 불현듯, 경력보다는 학력에 포커스를 맞추는 저의 고정관념이 프로세스를 더디게 할 수도 있겠다고 생각했습니다. 고민 끝에 고객사에 요청했습니다. 학력 사항은 요청한 바와 다르지만, 경력이 매치되는 것 같으니 검토 부탁한다고 말입니다.

다른 대졸자들이 줄줄이 고배를 마시는 동안, A 씨는 서류 합격에 이어 면접 프로세스를 순차적으로 통과하여 최종 합격했습니다. 회사에서 원했던 특별한 직무에 A 씨가 완벽히 부합했던 것입니다. 학력도 중요하지만, 경력이 진짜 중요하다는 것을 느꼈습니다.

커리어컨설팅의 중요성

시기: 2012년 봄

의뢰 업체: 국내 중견 기업

포지션: 품질 임원

A 임원은 모 외국계 제조 회사의 해외 법인장님을 통해 알게 됐습니다. 물론 그 법인장님도 다른 분을 통해 알게 됐습니다. 처음 A 임원의 이력서를 받은 건 2010년으로 기억합니다. A 임원은 외국에서 꾸준히 경력을 쌓으며 이직을 생각했는데, 한국에 적절한 포지션이 없어 지속적으로 인맥만 유지하고 있었습니다. 그러던 중 해당 포지션을 A 임원에게 소개했습니다. 2011년에 이미 한국으로 귀국하여 다른 회사에 몸담고 있었더군요. 그런데 자세히 얘기를 들어 보니, 현재 재직 중인 회사는 임시직이라고 했습니다. 그래서 본 포지션을 권유했고, 하루 이틀 생각한 A 임원은 이 포지션에 관심을 보이고 서류를 접수했습니다. 회사에서 면접 요청이 왔고, 저는 후보자와 경기도 모처까지 동행하면서 많은 얘기를 나누었습니다. A 임원은 외관상으로 훤칠했고 성향이 매우 좋아서 동행하는 동안 상당히 유쾌했습니다. 임원 면접은 한 회사의 직접적인 성과와 관련된 것이기에 통상 프로세스가 긴 편입니다. 외국계 회사에서 임원으로 있다 보니 국내 회사와의 채용 프로세스가 길었고 협상도 만만치 않았으나, 50세가 넘은 A 임원은 그래도 유연하게 협의했고 결국 임원으로 입사했습니다.

이 포지션을 통해 얻은 것은 헤드헌팅을 하기 위해서는 인맥 관리가 중요하다는 것입니다. 당장 추천할 포지션이 없어도 꾸준히 안부를 물으며 연락하다 보면 이런 일이 생깁니다. 인맥을 꾸준히 관리하는 커리어컨설팅이 헤드헌팅에 많은 도움을 준다는 것을 알았고, 보람도 정말 크게 느꼈습니다.

기사회생(起死回生)

후보자들과 통화하다 보면, 결과를 꼭 알려 달라는 얘기를 많이 듣습니다. 저는 99% 이상 결과 업데이트를 한 것으로 기억합니다. 상황상 실수로 잊어버린 경우를 제외하고는 말입니다. 헤드헌터의 무성의가 너무 싫다고 말하는 후보자가 꼭 있습니다. 후보자 관리, 정말 중요합니다. 나중을 위해서라도 결과 업데이트는 반드시 해줘야 합니다.

본 포지션은 진행 프로세스 중에 사전 인터뷰와 면접 진행을 하다가 최종 면접에서 안 된 C 팀장의 경우입니다. 업무 진행을 하다 보면 탈락 이후 헤드헌터의 태도가 무성의해서 후보자가 마음을 돌리는 경우를 봅니다. 하지만 이 포지션은 결과 업데이트 등 많은 얘기를 하면서 후보자와 인맥을 만들었습니다. 그러던 어느 날, 의뢰 업체에서 C 팀장을 다시 인터뷰할 수 있겠느냐고 연락을 해왔습니다. 이미 탈락 통보도 했는데……. 다시 얘기해 보니 C 팀장은 여전히 응하고 싶다고 했고 결국 C 팀장이 최종 합격을 했습니다. 후보자와 프로세스를 진행하는 동안 두 번 만나 얘기한 것이 후보자의 재진행 의사에 도움이 된 것 같습니다.

사실 이 포지션을 진행하면서 직무 파악에 좀 더 성의를 보여 달라고 고객사에게 핀잔을 듣기도 했습니다. 그때는 이 포지션을 포기해야 하나 고민도 했습니다. 자존심도 상했습니다. 하지만 고객사의 사정으로 이렇게 기사회생하는 경우가 간혹 있습니다.

메이저리그 뉴욕 양키스의 전설적인 포수 요기 베라의 명언 "끝날 때까지 끝난 게 아니다(It ain't over till it's over)"라는 말을 실감한 포지션이었습니다.

협업의 중요성

시기: 2013년 봄

의뢰 업체: 중견 취업 포털

포지션: 영업팀장

제 회사 동료 중에는 유능한 분이 참 많습니다. 대부분 사회에서 잘나가시던 분들이고, 인생의 전환기로 생각하고 헤드헌팅에 임하고 있습니다. 그중에 제 포지션을 유독 잘 추천해 주셔서 합격자를 내는 A 이사님이 있는데, 영업팀장인 B 씨도 그의 추천으로 이 포지션에 합격했습니다. 헤드헌팅에서의 협업은 나중에 자세히 설명하겠지만, 어떤 포지션을 수주했을 때 고객사를 영업한 헤드헌터가 해결하지 못할 경우 다른 헤드헌터가 추천해 줘 합격자를 내는 것을 말합니다. 원래 이 업체의 영업팀장 포지션은 무척 까다로웠습니다. 해당 업계에 대한 정확한 동향 파악은 물론이고, 관련 업계의 인맥과 팀 관리 경력을 반드시 파악하고 있어야 하며, 나아가 영업팀의 비전을 제시할 수 있어야 했습니다. 게다가 처우 조건도 잘 맞아야 했습니다. 원래 B 씨는 제가 먼저 접근했는데 대화를 해본 결과 이직 의사가 없다고 해서 포기하고 있었습니다. 그런데 A 이사님이 그 B 씨와 연락해서 지원 의사를 얻어 냈습니다.

그 사이 후보자의 상황에도 변화가 있었고, A 이사님의 설득력이나 타이밍도 적절했기 때문에 이력서를 받아 준 겁니다. 협업은 호스트와 추천자가 수익을 배분해야 하므로 자신의 수익이 줄어들기에 아쉽다고 생각할 수 있으나, 이럴 경우 헤드헌팅을 장기적으로 바라보지 못합니다. 놓친 후보자를 살려낸 추천이라고 생각해야 합니다. A 이사님께서 처음 추천 주실 때 양해를 구하시기에 전 오히려 감사하다고 말씀드렸습니다. A 이사님 덕분에 다른 서치펌이 아닌 우리 회사에서 본 포지션을 마감할 수 있었습니다. 그리고 저는 수익을 분배받았습니다.

폭풍 검색과 초고속 입사

3월의 어느 날, 바로 앞자리에 있는 김모 팀장은 고객사인 A사로부터 연락을 받았습니다. 의료 IT 프로젝트에 필요한 간호사 경력자를 급히 구해 달라는 내용이었습니다. 우리 회사에서 여러 명을 추천했으나 홀딩된 포지션이었습니다. 한 후보자가 합격 통보를 받았으나 아쉽게도 중도 포기하고 입사를 거절한 상태……. 고객사의 고객사인 ○○종합병원의 의료정보 시스템 구축 프로젝트는 이미 시작되어, 대학병원이나 대형 종합병원 경력이 있는 인재가 급히 투입돼야 하는 상황이었습니다.

김 팀장과 저는 바로 야근 모드로 돌입하여 회사 내부 DB 및 취업 포털을 샅샅이 뒤지며 폭풍 검색을 했고, 경력이 좋은 간호사분들께 연락하기 시작했습니다. 제가 연락한 분은 B 간호사였는데, T 대학교 간호학과를 졸업하고 I 대학병원에서 5년 6개월간 병동 간호사, 특수간호팀을 거쳐 I 대학교 대학원에서 석사 과정을 밟으며 간호학과 조교까지 한 인재였습니다.

3월 19일 저녁에 후보자와 통화하고 그다음 날 입사지원서를 이메일로 받았습니다. 그런데, 허걱?! 경력 내용은 정말 좋은데 경력기술서가 서술식과 만연체로 적혀 있어 전혀 눈에 들어오지 않았습니다. 내용을 유심히 읽어 본 다음에 내용을 요약하여 김 팀장에게 넘겼습니다. 김 팀장은 바로 고객사에 서류를 접수했습니다.

3월 21일, 김 팀장과 저는 B 간호사와 사전 인터뷰를 진행했습니다. 엘리베이터에서 내려 회사 쪽으로 걸어오는 후보자를 보고 일단 용모 점수는 만점임을 직감했습니다. 그러나 사전 인터뷰를 통해, 활달한 성격을 지녔지만 인터뷰 경험이 별로 없는데다가 긴장하면 웃음을 과도하게 남발하는 후보자를 보고 걱정이 생겼습니다. 물론 경력 사항을 확인하는 과정에서 병원 IT 시스템인 EMR(Electronic Medical Record)과 OCS(Order Communication System)에 익숙하며, 간호학과 학생들에게 전산 실습을 지도한 경험이 있다는 장점도 확인했습니다. 우리는 실전 면접에서 긴장되더라도 웃음만 아끼면 성공할 수 있다는 점을 주지시키고 헤어졌습니다.

3월 22일, 1차 면접이 끝나고 후보자에게 전화가 왔습니다. 면접 때 많은 질문을 받았는데 열심히 대답하다가 끝부분에 가서는 거의 자포자기 상태로 임했다며, 면접에서 받은 질문은 이메일로 정리해서 보내 주겠다고 했습니다. 나는 결과를 면접에서의 느낌만으로 속단할 필요는 없다고 위로하며, 면접 결과가 확인되는 즉시 연락드리겠다고 했습니다. 그날 밤, 정말 수많은 질문을 깨알같이 적은 이메일이 왔고, 김 팀장과 저는 그 정성에 감명을 받았습니다.

3월 25일에 고객사인 A사 인사담당자로부터 1차 면접 합격 통보를 받았습니다. 저는 바로 이 기쁜 소식을 전화로 알려 주었는데, 후보자는 조금 신기해 했습니다. 채용 일정이 촉박한 관계로 3월 28일에 2차 면접이 있었고, 우리는 통과의례 내지는 상견례 분위기라고 후보자를 안심시켜 면접에 임하게 했습니다. 당일 저녁에 2차 면접 합격을 확인했습니다. 다음 날 당사자에게 최종 합격을 안내했습니다. 뒤이어 건강검진과 연봉 협의가 초고속으로 진행됐는데, 입사 일자 협의에서 제동이 걸렸습니다.

3월 29일에 채용 절차가 완료됐는데 월요일인 4월 1일에 바로 출근하라는 일정은 합격자에게 너무 촉박했습니다. 그런데 고객사인 A사는 매월 초일에 입사하는 것을 원칙으로 하고 있었습니다. 아! 그럼 5월 1일에 입사해야 하는 건가? (우리 헤드헌터들에게는 입사 일자가 중요합니다. 왜냐하면 입사를 빨리 할수록 용역 서비스에 대한 수익이 빨리 인식되기 때문입니다.) 그때 의외의 결단을 고객사에서 내렸습니다. 신규 프로젝트에 인재는 빨리 투입돼야 하나 4월 1일은 너무 촉박하니, 4월 5일을 입사 일자로 잡자는 예외적인 제안이었고, 합격자는 며칠간 준비할 수 있어 좋아했습니다.

4월 1일에 우리 회사 근처로 온 합격자와 점심 식사를 했습니다. 다 같이 합격을 축하했고, B 간호사는 교수님께도 자랑했는데 교수님께서 너무 잘되었다며 칭찬해 주셨다는 말도 전했습니다. 어느새 이 최종 합격자는 간호사에서 대형 IT 기업의 컨설턴트로 바뀌어 있었습니다. 우리는 새 직장에 적응하면 다시 보기로 약속하고 헤어졌습니다. 4월 5일에 B 간호사는 새 직장으로 첫 출근을 했습니다.

한 후보자를 만나고 입사 완료 때까지 보통, 짧게는 1개월에서 길게는 6개월 정도 걸립니다. 그런데 이번 프로젝트는 3월 19일에 시작해서 4월 5

일에 끝났으니, 17일 걸린 것입니다. 동료인 김 팀장은 이번 초고속 프로젝트가 오래 기억에 남을 것 같다고 했습니다. 저 역시 흔치 않은 케이스라고 생각했습니다.

B 간호사의 승승장구를 믿고 앞날에 늘 건강과 축복이 함께하길 빌며, 글을 마칩니다.

—에이치알맨파워그룹 이태진 이사

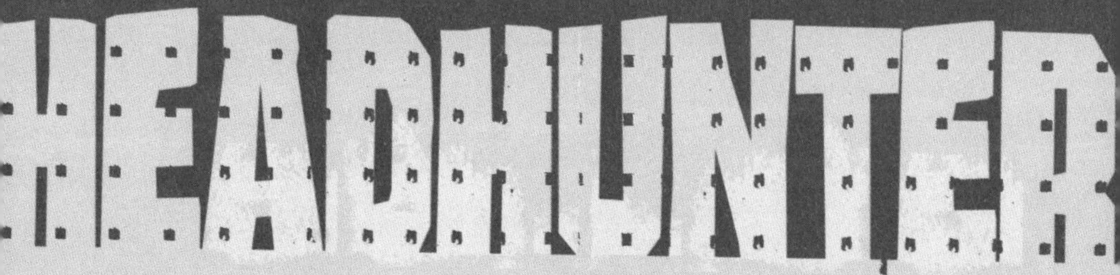

| 실전편 1 |

어떤 직업일까요?

·

어떻게 시작할까요?

·

나는 과연 자격이 있을까요?

·

어떤 서치펌을 찾아야 할까요?

헤드헌팅이란?

일전에 〈SBS 뉴스〉에서 한국고용정보원에서 조사한 700개 직업의 만족도 순위를 언급한 적이 있습니다. 기억나는 것만 얘기해 보면, 1위는 초등학교 교장, 7위는 대학 교수, 8위는 아나운서, 35위는 노무사/소설가, 40위는 목사, 44위는 의사, 57위는 변호사, 90위는 교사, 96위는 프로골퍼, 100위는 애널리스트, 104위는 커리어코치, 119위는 검사 그리고 120위는 바로 헤드헌터였습니다. 그리 높지는 않지만 검사와 비슷한 순위라서 미소를 지은 기억이 납니다. 더 놀라운 것은 약사(129위), 가수(135위), 법무사(156위), 감정평가사(160위)보다 높았다는 겁니다. 만족도를 수치화한다는 것이 약간 무리는 있겠지만 기분이 나쁘지는 않았습니다.

제 동료 21명(이후 인용되는 통계는 부록 자료 참조)에게 헤드헌팅을 고려한 이유와 비전을 물었습니다.

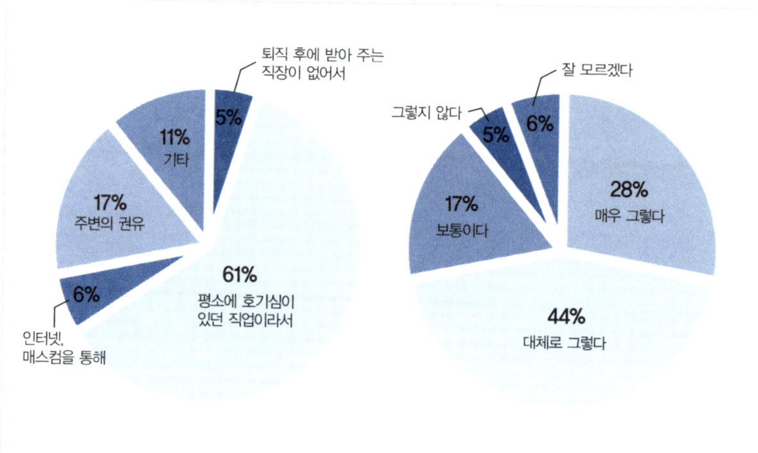

그림 2 헤드헌터 고려 사유 및 비전

그러면 헤드헌팅은 무엇이고, 이 책의 목표인 헤드헌팅으로 어떻게 월급만큼 수익을 낼 수 있는지 차근차근 알아보겠습니다. 먼저 헤드헌팅이 무엇이고 현황은 어떤지 알아봅시다.

헤드헌팅의 정의

헤드헌팅(Headhunting)이란 기업에서 원하는 직무를 수행할 수 있는 후보자를 추천해 주는 일련의 행위입니다. 흔히 후보자는 직급·직무·업종별로 구분되는데, 헤드헌터는 경험과 식견을 가지고 알맞게 사람을 추천합니다. 그래서 헤드헌터는 보통 컨설턴트라고 불리며, 인력 발굴과 섭외에서 전문성을 띠고 있습니다. 다양한 분야의 지식이 풍부해야 하고, 업종·직종별 전문성을 가지고 있어야 합니다. 고객과 구인 의뢰 상담을 하고 후보자를 섭외하면서 프로세스 또한 진행해야 하므로, 채용 프로세스의 컨설턴트라고 보시면 됩니다. 한편, 리서처라고 있는데 이는 컨설턴트의 전 단계로, 후보자를 발굴하고 전화 상담하고 메일링이나 파일 관리를 위주로 하는 보조 컨설턴트라고 보시면 됩니다. 헤드헌터들이 소속되어 기업에 추천하는 업체는 서치펌(Search Firm)이라 합니다. 서치펌은 헤드헌터 1인이 운영하는 1인 서치펌부터 100명 이상의 헤드헌터가 소속된 국내 대형 서치펌, 국내에 들어와 있는 외국계 서치펌까지 다양합니다.

헤드헌팅의 역사

1929년, 미국 대공황에 각 기업은 비상 경영 체제에 돌입했습니다. 조직 슬림화를 단행했고 효율적인 경영이 가능하도록 우수한 경력 사원과 간부를 확보하는 전쟁에 돌입했는데 이때부터 Executive Search가 급속도로 확산됐습니다. 그리고 1950년대에 유럽으로 전파됐습니다. 콘페리(Kornferry)나 하이드릭 앤 스트러글(Heidrick & Struggle)은 그 무렵에 생겨서 현재까지 서치펌 업계에 명성을 가지고 있습니다. 국내에는 1980년대 후반부터 서치펌 비즈니스가 생기기 시작했고, 당시 고객사의 대부분은 외국계 한국 지사였습니다. 2013년 지금은 모든 형태의 기업이 필요한 경우에 서치펌을 이용하고 있습니다. 제가 진행하는 고객사도 외국계 업체, 대기업, 중소기업 등 다양합니다.

헤드헌터의 요건

일반적으로 학사 이상의, 대인 의사소통 능력과 영어 구사 능력이 뛰어난 사람을 선호합니다. 그러나 이런 조건을 구비한다고 해서 모두 유능한 헤드헌터가 될 수는 없습니다. 저는 영어와 대인 의사소통이 아주 뛰어나지는 않지만 살아남았습니다.

헤드헌터가 일반 직업상담사와 다른 점은 구인, 구직에 있어 고급 인력을 전담한다는 것입니다. 그러므로 각 업계의 흐름을 잘 이해하는 제너럴리스트(Generalist)로서의 자질과 인재를 정확하게 추천하기 위해 특정 분야에 대한 컨설팅 능력까지 갖춘 스페셜리스트(Specialist)가 돼야 합니다. 그래서 최근에는 금융, 회계, 법률, IT 분야 등에서 종사하던 전문 인력들이 잇따라 헤드헌터로 전직하고 있습니다. 제가 재직 중인 에이치알맨파워그룹 컨설턴트들의 이력을 보면 서울대 등 우수 대학 출신, 삼성 같은 대기업 출신 등 다양합니다. 정년이 될 무렵 전향한 분도 있으나 대체로 헤드헌터라는 직업의 비전과 자부심을 느끼고 전향한 듯 보입니다. 저는 산업공학을 전공했고 SI 영업 쪽이 경력인데, 아무래도 전공이나 직장 경력과 관련한 분야는 유리할 수 있습니다. 그렇다고 그 영역만 헤드헌팅한다면 업무 영역이 좁아지므로 꼭 그곳에 국한될 필요는 없습니다. 그 외의 부분은 차후 언급하겠지만 해당 분야의 스페셜리스트가 되기 위해 많이 노력해야 합니다.

일부 협회나 기관에서 시행하는 단기 실무교육 코스를 제외하고는, 국내에 헤드헌터를 전문적으로 양성하는 교육기관은 아직 없습니다. 최근에는 정부에서 교육비를 지원하는 조건으로 헤드헌터 양성 과정을 진행하는 업체가 늘고 있으나, 그러한 교육을 아는 사람이 많지 않고, 어느 정도 도움이 될지 몰라 선뜻 신청하기가 어렵습니다. 그래서 대부분 국내 대기업이나 외국계 회사에서 경력을 쌓다가 헤드헌터로 전향하거나 대학 졸업 후 헤드헌팅 업체에 입사하여 실무를 익히며 경력을 쌓아 나갑니다. 제 동료 중에는 이런 경우가 아님에도 절실함을 무기로 집중력 있게 잘하는 분도 있습니다. 개발자, 영업 경력자, 인사담당자, 경영기획자, 치과 의사, 공학박사, 주부 등 다양한 경력을 가진 분들도 헤드헌팅을 하고 있습니다. 경력은 과거일 뿐 현재를 보증해 주지는 않습니다. 현재 어떤 생각을 가지고 헤드헌팅에 임하느냐가 더 중요합니다.

하지만 헤드헌터도 서비스업이기 때문에 다양한 방면에 지식과 철저한 프로 정신 그리고 서비스업 정신이 투철해야 합니다. 경력을 한 분야에서 꾸준히 쌓은 후에 헤드헌터가 되거나 헤드헌팅 회사에 입사해서 경력을 쌓는 것이 일반적인 헤드헌터가 되는 방법입니다. 이미 경력을 갖고 있다면 그 방면에 인맥이나 정보, 업종 관련 지식을 많이 공부해야 할 것입니다.

일반적인 서치펌의 헤드헌터 자격 요건

1. 학사 이상으로, 고객 관리 및 인사관리 업무 담당

2. 동종 업계 경력 헤드헌터

3. 적극적이고 의사소통 능력(Communication Skill)이 뛰어난 자

4. 업종별 전문적인 경력을 가지고 있는 자

5. 직종별, 업종별 인맥이 많은 자

대부분의 헤드헌팅 업체는 제조업, 금융, 재무, IT 또는 임원급 등 자신만의 강점을 가진 분야가 있습니다. 따라서 이런 전문성을 지속적으로 더해 가는 것이 좋습니다. 더불어 헤드헌터는 제너럴리스트의 성격도 가지

고 있으므로 다른 분야로 점차 확대하면—그에 상응하는 노력만 동반된
다면—더욱 발전할 것입니다. 구인을 의뢰한 기업체의 내부 정보나 채용
후보자에 관한 신상 정보를 모두 관리하므로, 정보 관리에 있어 '경쟁 업체
의 우수 타깃만 노리는 사람'으로 오해받지 않도록 투철한 윤리 의식과 도
덕심도 지녀야 합니다.

무엇보다 가장 중요한 요건은 열정과 절실함이라고 생각합니다. 설령 대
졸자가 아니더라도, 경력이 조금 모자라더라도, 산업이나 직종에 대한 이
해도가 조금 떨어지더라도, 대인 관계에 자신이 없더라도, 자신의 능력치
를 최대한 끌어올릴 자신이 있고 부단히 노력할 각오가 되어 있다면 두드
려 볼 만한 직업입니다.

헤드헌터와 서치펌 현황

취업 포털 '잡코리아'의 통계 현황에 의하면 현재 국내에서 활동하는 서
치펌은 1,465개 업체이며 헤드헌터는 6,920명 정도입니다. 서치펌당 약 4.7
명의 헤드헌터가 소속되어 있습니다. 물론 여기에는 어느 정도 변수가 있
습니다. 대부분 소규모로 운영되는 서치펌이며, 이런 소규모 업체는 사업
체를 등록하고 폐쇄하는 일이 빈번합니다. 또한 서치펌을 옮긴 후에도 이
전 소속 데이터가 남아서 중복되기도 하고, 반면 아예 통계에 나타나지 않
은 헤드헌터나 서치펌도 있습니다. 대략 상기 통계 정도라고 생각합니다.
국내에서는 유니코써치 같은 오래된 서치펌을 선호하기도 하나 대부분은,
제가 소속한 에이치알맨파워그룹이나 커리어케어, HR Korea, 솔로몬서치
같은 대형 서치펌을 선호합니다. 전문 분야의 인재 수요가 많을 거라는 생
각과 채용 프로세스를 많이 진행하여 노하우가 있을 것이라는 믿음 때문

입니다. 아래에 취업 포털 '잡코리아'를 기준 삼아 제가 현업에 있으면서 들은, 시장 장악력을 가진 국내 주요 서치펌을 살펴보겠습니다. (잡코리아, '헤드헌터 수順' 발췌, 2013년 7월)

• ㈜에이치알맨파워그룹(대표 : 김민호 · 정지상)(http://www.hrman.co.kr)

산업부문별로 풍부한 현장 경험과 지식을 갖춘 120여 명의 전문 컨설턴트와 서치펌 네트워크망을 바탕으로, 소규모 조직에서 모방할 수 없는 양질의 서비스를 제공하고 있다. 자체 30만여 명의 고급 DB 프로파일러 시스템(DB Profiler System)은 하루아침에 만들어지는 것이 아니며, 특히 임원급 포지션에 있어서는 막강한 파워를 발휘하고 있다. 홈페이지, DB 시스템, PMS(Project Management System), 전담 컨설턴트 시스템을 연동하여 고객 컨설팅을 하고 있다. 사업 영역 또한 인사 관련 업무를 기본으로 사업 부문의 컨설팅과 자문, 사업성 평가에서 평판 조회, 경력 관리 등 Total Solution 제공을 목표로 영역을 확대하고 있다.

• 커리어케어(대표 : 육동인)(http://www.careercare.co.kr)

커리어케어는 2000년에 설립되어 한국 최대의 서치펌으로서 헤드헌팅 시장을 선도해 왔다. 커리어케어의 사업부는 헤드헌팅 사업본부, 글로벌 사업본부, 채용컨설팅 사업본부, 인재검증센터로 구성되어 있다. 각 조직의 유기적 협력을 통해 국내 임원 · 전문직 채용은 물론 외국인 인재 채용에서 HR 컨설팅까지, 종합 HR 서비스를 제공하고 있다.

• ㈜프로매치코리아(대표 : 김혜종)(http://www.promatch.co.kr)

㈜프로매치코리아는 세계 5위권 이내로 공인기관에 의해 발표되고 있는 글로벌 서치펌인 AIMS International의 한국 파트너다. 분야별 인재 수요를 운영하고 있고, 추천된 인재에 대한 고객 만족 서비스도 실시하고 있다.

• ㈜에이치알허브(대표 : 조명구)(http://www.koreabrain.com)

㈜에이치알허브(브랜드명: 코리아브레인)는 2002년 6월에 설립했다. 'Different Approach, Different Result'를 캐치프레이즈로 내걸고, 50여 명의 산업별 전문 헤드헌터가 고객사의 발전에 일조하고 후보자의 경력 계발에 도움이 될 수 있는 방법을 찾기 위해 노력하고 있다.

• ㈜솔로몬서치(대표 : 박금숙)(http://www.solomonsearch.co.kr)

㈜잡뉴스 계열사인 ㈜솔로몬서치는 'On-Off Line 헤드헌팅 시스템'과 '체계적이고 과학적 마케팅, 능력 있는 컨설턴트 위주의 제도적 지원'을 바탕으로 하고 있다. 기업 환경 분석, 시장조사, 사업 분석, 기업 조직 진단, 임직원 역량 분석을 기준으로 추천 전 후보자를 평가한다.

• HR Korea(대표 : 허헌)(http://www.HRKorea.co.kr)

2000년 8월에 '한글과컴퓨터' '대웅제약' '참존' '풀무원' '불스원' '성주DND' 등 업종별 7개의 대표 기업이 투자자(주주)로 참여하여 설립했다. HR Korea는 헤드헌팅 분야에서 수년간 쌓은 노하우를 바탕으로 분야별 전문 컨설턴트와 입체적인 평가 툴을 사용하여 고객의 요구에 대해 최적의 솔루션을 제공하고 있으며, 자체 개발한 인트라넷으로 인재 수요를 운영하며 신속한 후보자 추천을 하고 있다.

• ㈜엔터웨이파트너스(대표 : 박정배)(http://www.nterway.com)

㈜엔터웨이파트너스에는 국내·외에서 인정받은 교육기관과 기업 출신의 컨설턴트들이 정보통신, 반도체, 컨설팅, 의약, 금융, 자동차, 기계, 생화학, PR, 유통, 화장품, 서비스 등 다양한 업종을 담당하고 있다. 헤드헌팅 취업 포털의 운영 경험과 폭넓은 네트워킹을 통해 13만 명의 전문 및 임원급 인력 데이터베이스를 확보하고 있으며, 국내 헤드헌팅 업체로서는 최초로 해외 현지법인 '엔터웨이 USA'를 미국 로스앤젤레스(LA)에 설립하여 세계시장으로 진출하는 국내 기업과 다국적기업의 글로벌 인재 채용을 담당하고 있다.

• 유니코써어치(대표 : 한상신)(http://www.unicosearch.com)

유니코써어치는 1984년 유니코 비즈니스 인터내셔널의 사업 부문으로 출발해서 1992년, 별도 법인으로 독립했다. 1995년 세계 최대 규모의 헤드헌팅 연합체인 Global Human Resource(GHR)의 회원사였고, 현재는 영국 Transearch의 계열사이자 AESC(Association of Executive Search Consultants) 회원사다.

국내 서치펌은 경쟁이 치열하여 업계 순위 변동이 심한 편입니다. 채용 수수료의 과도한 인하 경쟁으로 서비스의 질이 떨어지기도 합니다. 헤드헌터는 시간이 생명인데, 수수료율을 지나치게 깎게 되면 인재 추천 서비스의 적합성이나 사후 관리가 약해집니다. 가령 후보자의 보증 사고가 생겼을 때 제때 대체 추천하기가 쉽지 않고, 후보자의 재추천 또한 성의 없이 진행하는 경우가 많습니다. 이는 국내 서치펌 업계가 대부분 성사 조건부, 즉 채용이 성사됐을 때만 수수료를 지급받다 보니 일어나는 현상입니다. 일반적으로 헤드헌팅 시장에서 일어나는 여러 변수를 감안했을 때 20% 내외가 합리적이라고 생각합니다. 이는 고객사와 서치펌 간 대화로서 원활하게 풀어 나갔으면 합니다.

외국계 서치펌은 무조건부, 즉 채용 성사와 관계없이 지급하는 체계를 가지고 있으나 수수료율이 상당히 높습니다. 구글이나 애플 등 글로벌 업체에서 주로 사용하는데, 회사와 서치펌 간 신뢰가 확실한 편이라 국내 서치펌이 진입하기 쉽지 않습니다. 연봉이 수백만 달러, 천만 달러에 이르는 CEO급도 외국계 서치펌을 통해 이뤄집니다. 국내 서치펌보다 일반적인 수수료 체계는 훨씬 높은 대신 채용 프로세스가 길고 보증기간이나 입체적인 평판 조회 등 서비스의 질(Quality)도 좋습니다. 하지만 우리나라에서는 국내 서치펌의 시장점유율이 높기 때문에 외국계 서치펌이 고전하고 있습니다. 그럼에도 국내 서치펌은 아무리 크다 한들―공개하지 않지만―매출이 50억에서 100억 원으로 추산되는데, 외국계 서치펌은 총수입이 수천억입니다. 나스닥에 공개되어 있는 하이드릭 앤 스트러글사의 손익계산서를 잠시 살펴보겠습니다.

손익계산서에 의하면, 2012년 총수입이 4.65억 달러, 매출 총이익이 1.34억 달러에 달합니다. 물론 순이익 규모는 각종 비용을 지불하고 나면 많이 줄어듭니다(2012년은 약 600만 달러). 규모나 매출 면에서 볼 때, 외국계가 최소 수십 배는 크다는 것을 알 수 있습니다.

유명한 외국계 서치펌은 다음과 같습니다. (출처: 각 회사의 홈페이지.)

Period Ended	12/31/12	12/31/11	12/31/10	12/31/09	12/31/08
	Update 06/06/13	Update 05/17/13	Update 05/17/13	Update 05/17/13	Update 05/17/13
In millions of USD (except for per share items)					
Net Sales	465.08	553.98	513.24	414.72	644.86
Revenue (Net)	465.08	553.98	513.24	414.72	644.86
Total Revenue	465.08	553.98	513.24	414.72	644.86
Cost of Revenue	330.81	398.59	360.32	300.61	464.26
Cost of Revenue, Total	330.81	398.59	360.32	300.61	464.26
Gross Profit	134.28	155.39	152.91	114.11	180.60
Selling / General / Administrative Expense	113.83	123.59	130.62	115.76	125.06
Selling / General / Administrative Expenses, Total	113.83	123.59	130.62	115.76	125.06
Restructuring Charge	.81	16.34	1.62	22.64	.00
Impairment-Assets Held for Use	.00	26.37	.00	4.08	.00
Impairment-Assets Held for Sale	--	2.80	--	3.00	--
Unusual Expense (Income)	.81	45.51	1.62	29.72	.00
Other Operating Expense	.00	.00	4.22	.00	.00
Other, Net	.00	.00	-1.07	-1.66	.00
Other Operating Expenses, Total	.00	.00	3.15	-1.66	.00
Total Operating Expense	445.44	567.70	495.71	444.43	589.32
Operating Income	19.64	-13.72	17.52	-29.71	55.54

그림 3 하이드릭 앤 스트러글사 손익계산서

• 콘페리 인터내셔널(http://www.kornferry.com)

규모가 큰 기업 중 하나로, 1969년에 레스터 콘과 리차드 페리가 설립했다. 그 후 지속적인 성장을 통해 현재 전 세계에 사무소가 100개 넘게 퍼져 있다. 국내는 서울에 지사를 두고 있다.

• 하이드릭 앤 스트러글(http://www.heidrick.com)

1953년 설립 이래, 국내 포함 전 세계 35개국, 80여 개의 지사에 1,000명 이상의 컨설턴트가 활동하고 있다. 미국 나스닥에도 등록되어 있으며, 현재 연

7,000건 이상의 채용을 진행한다. 2012년 연 매출이 회계기준 4.6억 USD를 넘는다.

• 스펜서 스튜어트(http://www.spencerstuart.com)

1956년, 스펜서 스튜어트에 의해 설립되어 현재 29개국에 54개의 지사를 두고 있다. 연간 4,000건의 채용을 진행하고 있으며, 300명의 컨설턴트가 활동하고 있다. 하이테크 분야에 강점을 가지고 있다.

• 러셀 레이놀즈(http://www.russellreynolds.com)

1969년 설립됐으며, 41개의 지사와 300명의 경력 컨설턴트가 산업 각계에서 활동하고 있다. 설립 초기부터 고객과의 장기적인 관계에 역점을 두었으며, 연평균 3,500건의 채용을 진행하고 있다.

• TMP 월드와이드(http://www.tmp.com)

1967년, Telephone Marketing Program이라는 이름의 광고 회사로 시작하여 현재는 온·오프라인 채용 업무를 포함하고 있다. 자회사인 'monster.com'은 유명한 채용 정보 포털이다. 1993년부터 채용 시장에 뛰어들어 적극적인 인수 전략으로 규모를 성장시켜 왔다. 2005년에 '잡코리아'를 인수하며 한국에서도 영향력을 키우고 있다.

• 크리스찬 앤 팀버스(http://www.ctnet.com)

1980년에 하이테크 분야 전문 서치펌으로 시작하여 글로벌 서치펌으로 성장했다. 칼리 피오리나를 전 직장인 루슨트 테크놀로지에서 HP로 전직시킨 우수 사례가 있다.

- 이곤젠더 인터내셔널(http://www.egonzehnder.com)

전 세계 40개국에 66개의 오피스를 두고 있고, 420명 이상의 컨설턴트가 활동하고 있다. 이곤젠더는 서치펌이지만 경영 컨설턴트 출신이 많이 이직하는 우수한 회사로, Executive Search는 물론이고 Board Consulting, 리더십 전략 서비스 등 차원 높은 서비스를 제공하고 있다.

서치펌은 상식적인 프로세스를 진행하면서 고객사와 후보자 간 의사소통을 진실하게 전달하되, 때에 따라서는 고객사나 후보자의 사정을 상황에 맞게 어필할 수 있어야 합니다. 이런 섬세하고 친절한 서비스를 지속하는 서치펌은 규모와는 상관없이 꾸준히 성장세를 유지할 것입니다.

헤드헌팅 프로세스

제가 2008년에 입문할 때 들은 내용이기도 합니다. 헤드헌터가 어떻게 수익을 낼 수 있는지에 대한 내용인데요. 관련 용어와 함께 알아보겠습니다.

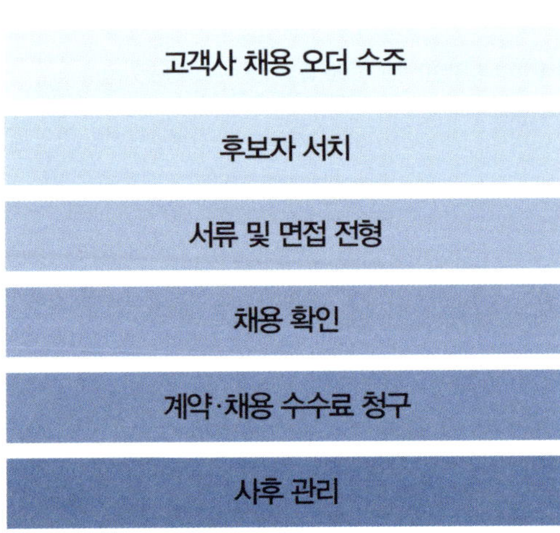

그림 4 헤드헌팅 프로세스

고객사 채용 오더 수주

고객사에서 필요한 인원에 대한 직무 요강을 서치팀에 전달하는데, 광고를 통한 인바운드 형태인 경우도 있고 아웃바운드 형태인 전화나 메일로 영업하여 받는 경우도 있습니다. 최근에는 SNS가 많이 발달하여 지인을 통한 채용 수주도 가끔씩 발생합니다. 정보력과 시장 장악력, 자금력을 가진 대형 서치팀이 아닌 이상 인바운드 오더를 받기 어렵습니다. 믿을 근거가 없기 때문입니다. 하여 이런 경우, 고객사 영업을 해야 합니다. 제가 받은 업체의 수주 메일을 예로 들어 보겠습니다.

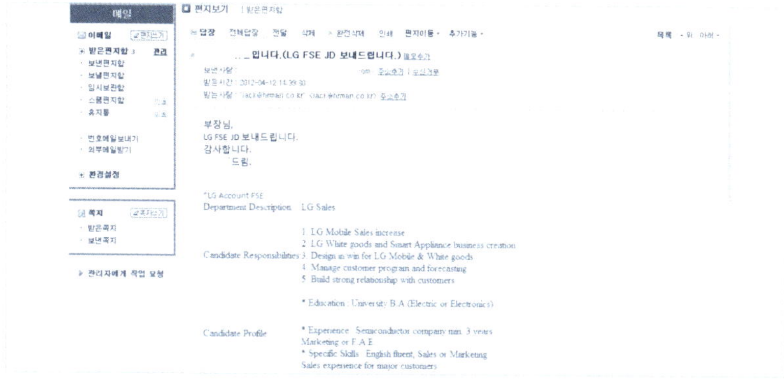

그림 5 고객사의 채용 의뢰 메일

오더를 받을 때는 고객사에 답변을 써주는 것이 좋습니다. 답변을 쓸 때는 궁금한 사항(타깃 연령대, 개략적인 연봉, 직급, 보고서 행, 선호 출신 기업 등)을 아울러 물어보면 좋고, 회사에서 민감해 할 경우 시행착오를 겪어 가면서 후보자를 섭외해야 합니다.

후보자 서치

고객사의 직무 요강에 맞는 후보자를 온·오프라인을 동원하여 섭외하고 추천합니다. 이 후보자 서치는 다음 장에서 자세히 언급하겠습니다.

서류 및 면접 전형

추천된 서류를 고객사에서 검토하고 서류 심사와 면접을 진행합니다. 서류를 헤드헌터 입장에서 검토할 때는 꼼꼼하게 처리해야 합니다. 오탈자가 없는지, 누락된 부분은 없는지, 혹시나 후보자가 잘못 기재한 부분은 없는지. 후보자에게서 받은 이력서를 그대로 전달하기보다는 검토하고, 헤드헌터의 설명(Comment)도 적어 놓으면 도움이 됩니다. 고객사는 '헤드헌터가 후보자의 정보를 정확하게 파악하고 있구나' 하는 신뢰감을 갖습니다. 경험상 학력이나 경력이 위조된 경우 그저 미심쩍은 수준이라면 후보자와 면밀하게 얘기해 본 후 추천하고, 후보자를 끝까지 신뢰하지 못하겠다면 추천하지 말아야 합니다.

채용 확인

서류와 면접에 합격한 후보자가 인·적성이나 채용 검진 등 입사에 필요한 절차를 진행하면 채용 확인을 서치펌에 전달합니다. 보통 여기에는 Offer Letter 형태로 직급, 연봉, 복리 후생, 출근일과 같은 정보가 포함됩니다.

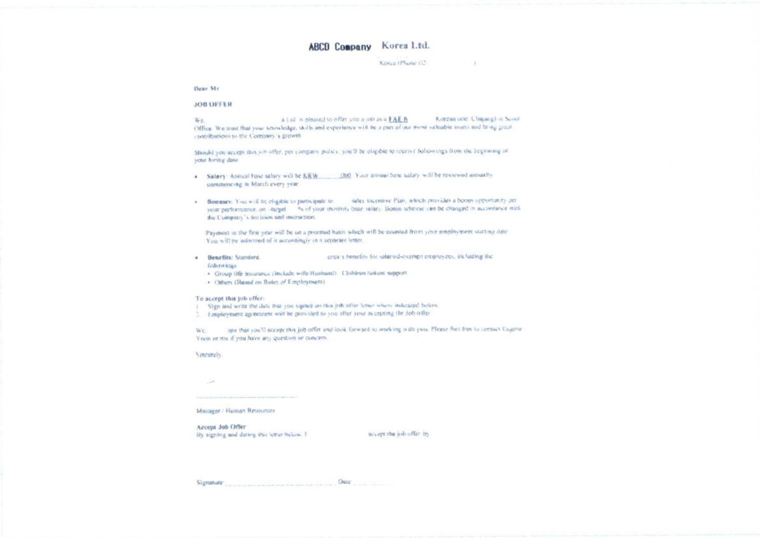

ABCD Company Korea Ltd.

Korea (Phone 02)

Dear Mr

JOB OFFER

We, a Ltd. is pleased to offer you a job as a FAE & Korean title: Chajang) in Seoul Office. We trust that your knowledge, skills and experience will be a part of our most valuable assets and bring great contributions to the Company's growth.

Should you accept this job offer, per company policy, you'll be eligible to receive followings from the beginning of your hiring date.

- **Salary**: Annual base salary will be KRW ,000. Your annual base salary will be reviewed annually commencing in March every year.
- **Bonuses**: You will be eligible to participate in sales Incentive Plan, which provides a bonus opportunity per your performance, on -target % of your monthly base salary. Bonus scheme can be changed in accordance with the Company's decision and instruction.

  Payment in the first year will be on a prorated basis which will be counted from your employment starting date. You will be informed of it accordingly in a separate letter.
- **Benefits**: Standard orea's benefits for salaried-exempt employees, including the followings:
  - Group life insurance (Include wife/Husband) : Children tuition support
  - Others (Based on Rules of Employment)

To accept this job offer:

1. Sign and write the date that you signed on this job offer letter where indicated below.
2. Employment agreement will be provided to you after your accepting the Job offer.

We ope that you'll accept this job offer and look forward to working with you. Please feel free to contact Eugene Yoon or me if you have any question or concern.

Sincerely,

Manager : Human Resources

Accept Job Offer

By signing and dating this letter below, I accept the job offer by

Signature: ______________ Date: ______

그림 6 Offer Letter 예시

Offer Letter가 오면 합격이 확정된 것이고, 별 다른 사항이 없는 한 후보자에게 서명을 요청합니다. 후보자가 동의하면 서명된 편지는 고객사에 전달되고, 채용에 대한 청약과 승낙이 이뤄진 사항이므로 후보자에게 재직 회사를 퇴사해도 좋다고 얘기합니다. 즉, Offer Letter를 받기 전에는 퇴사를 얘기하면 안 됩니다. 자칫 후보자가 퇴사했는데 합격이 번복이라도 되면 후보자가 난처해집니다. 보통 3, 4주 정도 업무를 인수인계하는데, 그동안 헤드헌터는 쌍방의 입장에서 의사소통을 잘해 줘야 합니다.

때때로 이런 Offer Letter 없이 메일로 대체하는 고객사도 있습니다. 메일도 가능합니다만, 가급적이면 이런 공식 문서를 볼 때 후보자가 더 안심합니다.

계약 및 채용 수수료 청구

Offer Letter를 후보자가 동의하면 출근으로 이어지며, 출근 이후에 계약 조건에 따라 서치펌은 고객사에 채용 수수료를 청구합니다. 계약은 보통 이 단계에서 이뤄지는데, 고객사에서 채용 수주를 받을 때 미리 계약하기도 합니다. 하지만 통상 채용 수주를 받고도 채용 확인까지 되지 않는, 즉 계약했으나 성사되지 않아서 채용 수수료를 청구하지 못하는 경우가 많기 때문에, 저는 계약을 서두르지 않고 고객사에서 원하는 대로 진행합니다.

사후 관리

출근한 후보자가 보증기간 및 이후 직장 생활에 문제가 없는지 체크하는 활동을 말합니다. 만약 보증기간 내에 입사자가 퇴사했을 때는 대체해야 하고, 경우에 따라서는 근무 일수를 1할 계산하고 차감한 후 환불해 줘야 합니다.

헤드헌팅 채용 수수료 체계

저는 고객사와 계약할 때 고객사에서 정책적인 계약서를 주지 않는 한, 국내 업체용 계약서와 외국계 업체용 계약서를 따로 관리합니다. 계약서에는 헤드헌팅 서비스의 정의와 프로세스, 신의 성실의 책임을 규정해 놓습니다. 실무적으로는 채용 수수료와 관련된 부분이 중요합니다. 수수료를 정하기 전에 두 가지 계약 조건을 살펴봐야 합니다.

성사 조건부는 말 그대로 후보자를 추천하여 채용이 확인된 경우에만 청구합니다. 고객사 입장에서는 전혀 손해 볼 것이 없으며, 서치펌도 채용이 안 됐을 경우에는 시간이 낭비되는 단점은 있으나 채용만 된다면 수수료를 비교적 부담 없이 청구할 수 있습니다. 다만 입사한 후보자가 계약서에 명시된 보증기간 내에 퇴사하는 경우에는 다른 후보자를 대체(Replacement)해 줘야 하고, 여의치 않을 때는 수수료를 전액 혹은 1할 계산하여 환불해 줘야 합니다.

무조건부는 투입될 예상 비용을 산정하여 채용 성사와 관계없이 고객사에서 선지불합니다. 주로 외국계 서치펌에서 이 방식으로 계약합니다. 고객사와 서치펌 간에 신뢰도가 아주 높아야 합니다. 서치펌이 적절하게 추천하고 대처하지 못했을 경우에는 계약이 해지될 가능성이 높아, 서치펌에서는 다소 부담스럽습니다. 성사될 경우에는 다시 지급하는데, 형태는 변호사가 수임료 받을 때와 비슷하다고 보시면 됩니다. 그 밖에 수수료 방식을 혼합한 형태도 있습니다. 후보자를 구하기 어려운 포지션이나 임원급의 서류 통과자를 추천하는 경우 기본적으로 일부 지급하고, 최종 합격이 되면 추가로 수수료를 지급하기도 합니다.

한편, 인력 아웃소싱을 전문으로 하는 기업은 수수료 체계가 기본적으로 서치펌과는 완전히 다릅니다. 아웃소싱 업체는 계약직으로 들어가면 수수료를 지불하는데, 이 때문에 일부 후보자들이 헤드헌터도 후보자에게서 수수료를 받는다고 생각합니다. 아웃소싱은 대부분 후보자가 아웃소싱 업체 소속입니다. 헤드헌팅은 후보자가 서치펌 소속 직원이 아닙니다.

잃어버린 한 마리 양을 위해

올해 1월, B 후보자를 회사 DB에서 찾아 A 리테일의 유통점장 포지션의 후보자로 연락하고 서류를 받아 접수시켰을 때, 솔직히 이 후보자가 총 500명 중 4명에 선택되리라고 기대하지 않았습니다. 2년 6개월가량의 공백이 있어, 사실상 재취업의 길은 막혀 있다고 생각했습니다. 그런데 의외로 쉽게 10대 1이 넘는 서류 전형을 통과했습니다. 1차 면접 날짜가 잡히고 면접 장소인 A 본사 로비에 있는 커피숍에서 후보자를 만났습니다. 더욱 자신이 없어졌습니다. 유통점장이라는 포지션은 연 매출 2000억 원 정도 되는 쇼핑 공간의 수장으로서 수많은 부하 직원을 관리하고 많은 거래처와 업무를 조율해야 하는 자리라서 그러한 느낌이 더 강했을 겁니다. 또한 대부분의 후보자는 재직 중이라 떨어져도 당장 어려움이 없지만, 이 후보자는 당장의 생계를 걱정해야 할 만큼 어려운 환경에서 새 직장을 찾는 절실한 상황입니다. 그런데도 후보자는 그간 워낙 많이 탈락의 고배를 마셨는지 아니면 성향 자체가 그런지 모르겠으나, 마치 누구를 대신해서 면접에 나온 듯 아주 소극적인 모습을 보여 확 와 닿지 않았습니다. 이런 자세나 말투로는 다른 후보자들 합격의 들러리가 되기 십상이었습니다. 그래서 생각 끝에 저의 많은 후보자를 커피숍에 대기시켜 놓고, B 후보자와 쌀쌀한 바람이 부는 현관 앞마당 화단으로 나갔습니다. 그리고 그 자리에서 30분 정도 코칭과 멘토링을 했습니다.

이렇게까지 해야 하나 하는 생각도 솔직히 들었습니다. '이 시간에 좀 더 합격 가능성이 높은 후보자와 한마디라도 더 해야 하는 건 아닐까?' 하지만 성경에서 아흔아홉 마리 양을 내버려 두고 잃어버린 한 마리 양을 찾아 헤매는 목동의 비유가 생각이 나더군요.

코칭이 끝나고 면접 장소로 들어가면서 이 친구가 하는 말이 어젯밤에 오늘 일이 걱정돼서 거의 잠을 못 잤다고, 합격 여부를 떠나 정말 고맙다고 했습니다. 그는 인·적성 검사와 3차 면접까지 패스했습니다. 그러고는 저에게 울먹이며 전화하더군요.

"전무님이 저와 저희 가족을 살려 줬습니다. 이 은혜 평생 잊지 않겠습니다."

세상에 다양하고 특이한 직업이 많지만 헤드헌터, 정말 보람 있는 직업인 것 같습니다.

—에이치알맨파워그룹 김근태 전무

| 실전편 2 |

헤드헌팅을 하다 보면 중간에 그만두시는 분이 많습니다.

.

진입 장벽이 낮아 쉽게 그만둘 수 있는 걸까요?

.

기존 관련 서적에 적힌 고전적인 방법이 아닌 최근 트렌드에 맞게
꼭 체크해야 하는 포인트를 중점적으로 알아보겠습니다.

헤드헌팅 프로세스

동료들에게 실전에 들어갔을 경우 어떤 부분이 가장 어려웠는지 물어보았습니다. 아래 그림에서 보듯 고객사 영업과 후보자 검색 및 설득 단계를 가장 많이 뽑았습니다.

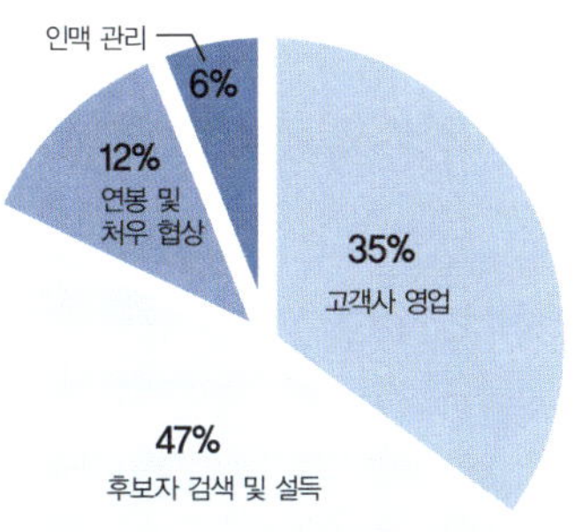

그림 7 실전에서 어려운 부분

수주 단계에서는 채용 사유, 채용 부문, 담당 직무, 채용 시기, 직급, 자격 요건, 선호 연령대, 필수 요구 학력, 팀 구성, 개략적 연봉(처우) 정보, 선호 출신 회사, 이직 횟수 제한 유무, 근무지, 근무 형태(정규직/계약직) 등 후보자 섭외를 위해 필요한 사항을 미리 확인하는 것이 좋습니다. 하지만 대부분 처음 거래할 때 고객사의 모든 정보를 얻기 힘드니 천천히 진행하면서 알아보는 것이 좋습니다. 또한 서치펌과 계약에 대한 기본적인 내용(수수료율, 지급일, 보증기간) 합의도 가지는 것이 좋습니다.

후보자를 섭외할 때는 희망 직급, 합격 시 합류 가능 시기, 이직 사유, 핵심 역량, 면접 가능일, 현재 연봉/희망 연봉 등을 미리 체크하는 것이 좋습니다. 이력서에 나와 있는 단순한 학력·경력 기술이 아닌, 서치펌을 통해 고객사에게 할 수 있는 최소한의 서비스라고 생각합니다. 후보자에게는 서류 결과, 탈락 사유, 면접 시기, 면접관 정보 등을 제공하면 좋습니다. 서류와 면접에 대한 사항은 헤드헌터와 함께하는 성공적인 이직 전략 부분에서 자세하게 언급하겠습니다.

최종 합격 하면 처우 및 입사 시기를 협의해야 합니다. 직급, 연봉, 입사일을 잘 협의하고 출근일까지 후보자와 안부를 주고받습니다. 연봉 협의와 입사일 조정은 프로세스 절차 중에 긴장되고 협상력이 필요한 단계입니다. 회사 측 제시 연봉과 후보자 희망 연봉 사이에는 차이가 있을 수밖에 없는데, 이 차이를 좁혀 나가는 협상력과 담력이 요구됩니다. 의외로 입사 시기도 이슈인 게, 회사 측에서는 가급적 빨리 합류를 원하고 후보자는 인수인계 및 휴식을 이유로 일정 기간을 가지기를 원합니다. 이 역시 양자의 입장을 대변하여 협상해야 합니다.

출근 이후에는 서치펌과 고객사 간의 계약을 체결하고 수수료를 청구하는 한편, 합격자에게는 근무한 이후에 연락하여 근무 여건은 어떤지 체크해 보는 것이 좋습니다. 이 단계를 헤드헌터가 소홀하기 쉬운데 계약을 잘하는 것은 수익과 직결되니 합리적이어야 좋고, 후보자 관리는 후보자에 대한 체크는 물론 입사 이후에도 고객사의 근무 환경을 간접적으로 알 수 있기 때문에 안부 인사를 하는 것이 좋습니다.

이상의 다섯 단계만 잘 이뤄지면 헤드헌터로서 전 과정을 해보는 것입니다. 물론 이후에 사후 관리나 인맥 관리 등의 활동이 있으나 일단 이 정도 프로세스만 거치면 헤드헌터로서 자리를 잡을 수 있습니다. 이제 실전으로 들어가서 세부 내용을 알아보겠습니다.

고객사 채용 오더 수주

고객사란 채용을 의뢰하는 기업입니다. 헤드헌터에게 좋은 고객사는 삼성전자나 구글 같은 글로벌 대기업만은 아닙니다. 외려 큰 회사나 글로벌 외국계 회사일수록 프로세스가 길거나 서치펌의 규모·인력 구성을 보고 채용을 의뢰하기 때문에 수주하기 힘들고, 설령 수주한다고 해도 후보자 추천이 만만하지 않습니다. 그러면 어떤 고객사가 우량 고객사일까요?

기본적으로 규모와는 상관없이 재무적으로 안정되고 기술력이나 시장 지배력이 있는 기업이 좋습니다. 이런 기업은 후보자를 설득할 때도 할 말이 많습니다. 후보자의 경력 관리를 위해서도 고객사 선별은 중요합니다. 비즈니스적인 측면에서는 채용 의뢰에 진정성이 있고 채용 프로세스가 빠른 기업이 좋습니다. 프로세스가 길어지면 후보자의 지원 의사가 희미해질 가능성이 많고, 고객사도 채용에 대한 절실함이 떨어지게 되어 있습니다. 아울러 수수료율이 높고, 수수료 지급이 빠른 기업이 좋습니다. 이는 헤드헌터 입장에서 두말할 필요가 없는 사항입니다. 보편적으로 대기업은 후보자를 섭외할 때는 용이한 반면 후보자의 요구 스펙이 높고, 중소기업은 후보자의 스펙은 높지 않지만 후보자를 섭외할 때 어려움이 많습니다. 쉽게 말해서 삼성전자 하면 굳이 설명하지 않아도 후보자들이 알아서 이력서를 보내옵니다만, 벤처기업은 회사 설명, 비전, 연봉 등 많은 내용을 알려 주고 설득해야 후보자가 지원합니다.

그래서 고객사 영업에는 포트폴리오를 구성하는 것이 좋습니다. 안정적인 헤드헌팅을 위해서는 전략 고객사 7, 8개 업체를 관리하면 좋습니다. 전략 고객사는 꾸준히 채용 의뢰를 주는 업체로서 7, 8개면 훌륭합니다. 너무 많으면 고객사에 제때 추천을 못해 신뢰를 잃을 가능성이 있습니다. 대기업 1, 2곳, 중견·중소기업 3, 4곳, 외국계 기업 2, 3곳이면 이상적입니다. 기업은 영원하지 않습니다. 세상의 모든 것이 변하듯 기업도 흥했다가 쇠락의 길로 접어듭니다. 따라서 열심히 영업하여 고객사를 확보했다고 현실에 안주해서도 안 됩니다.

그러면 이제 고객사 영업을 해봅시다. 헤드헌팅을 생각하는 분들은 첫 번째 단계에서 스트레스를 받아 아예 시도조차 하지 않는 경우가 많습니다. 보통 설명회나 서치펌 실무자들에게 많이 듣는 내용이 고객사를 영업하고 적합한 후보자를 검색하면 끝이라는 건데, 이는 많이 축약한 것이라 조금 더 자세하게 설명하겠습니다.

고객사에서 채용 오더를 받기 위해서는 먼저 고객사를 영업해야 합니다. 채용 포털에서 채용 광고를 보는 것이 가장 일반적입니다. 현재 국내에서 가장 활성화된 채용 포털은 잡코리아(http://www.jobkorea.co.kr)와 사람인(http://www.saramin.co.kr)으로, 여기에 채용 정보가 많이 올라옵니다.

경험에 의거해 헤드헌팅 구인 의뢰가 많이 들어오는 업종·직종을 정리해 보았습니다.

기획: 전략기획, 경영기획, 사업기획자, M&A 전문가

인사/노무: HRM, HRD, 노무

회계: 재무회계, 세무회계, 외국계는 Finance Controller

IT/반도체/통신: 정보통신이나 인터넷 관련 산업에 종사하는 인력

금융권: 은행, 보험, 투자분석가, 딜러(Dealer)

영업: 흔히 Account Manager라고 하는 업체 담당 포지션

기술영업: 이공계 계통

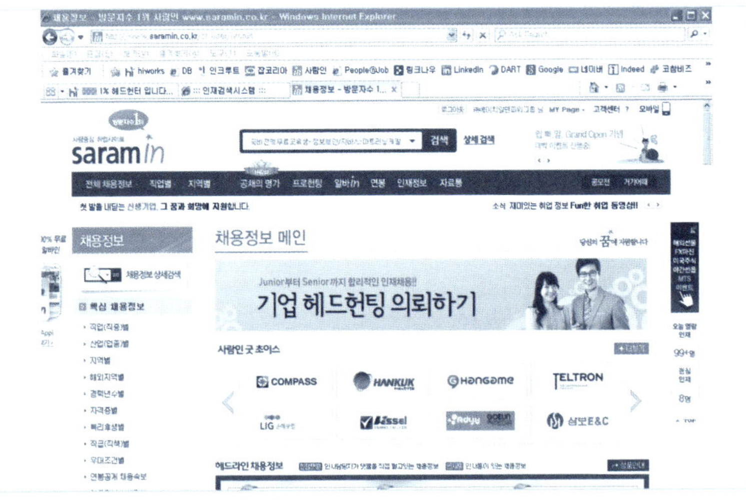

그림 8 취업 포털 사람인의 채용 정보

그림 9 취업 포털 잡코리아의 채용 정보

사람인이나 잡코리아에서의 일반 배너 광고 외에도 중소·중견 기업 위주로 영업하려면 기업별 분류를 참고하고, 자신의 경력과 매치되거나 관련 분야 위주로 검색하려면 직종별 검색을 하면 됩니다. 그 외에 지역별, 학력별 검색도 가능합니다. 채용 정보는 한 번만 보고 넘어가지 말고 관심 있는 정보는 스크랩해 두면 꾸준히 영업하기에 편리합니다. 저는 두 가지 방법을 씁니다. PDF로 인쇄하여 PC에 저장해 두거나 채용 포털의 '채용 공고 저장하기' 기능을 씁니다.

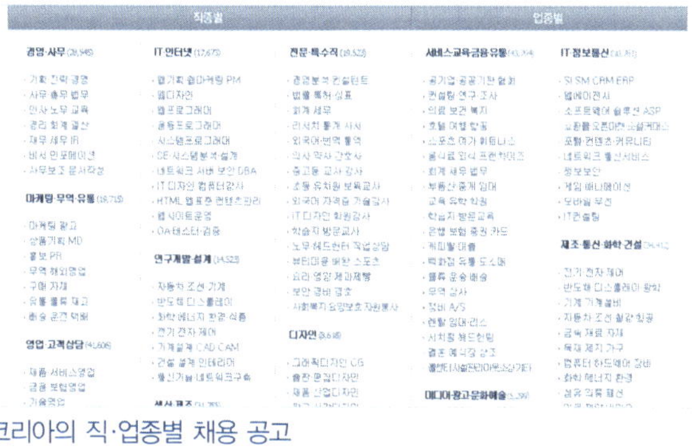

그림 10 잡코리아의 직·업종별 채용 공고

상기의 채용 공고 중 삼성 SDS의 채용 공고를 보겠습니다.

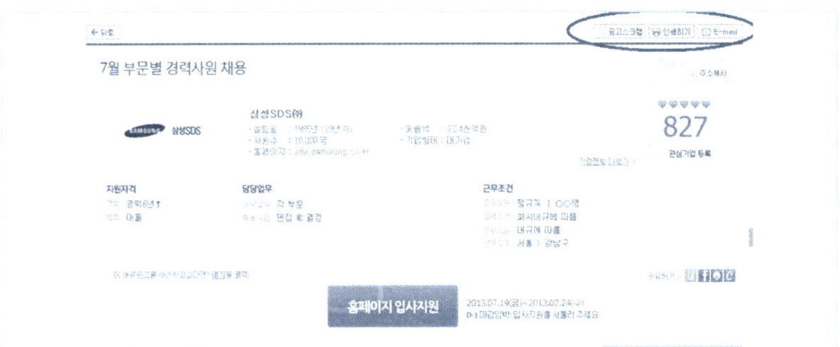

그림 11 채용 정보 상세 화면

경력 사원 채용 건을 보고 삼성 SDS를 고객사로 영업하고 싶다면 상단
의 '인쇄하기'를 눌러 PDF로 저장하거나 'E-mail' 아이콘을 누르고 자신의
메일로 보내 놓으면 채용 공고가 저장됩니다. 이러면 주기적으로 고객사
영업을 할 수 있습니다.

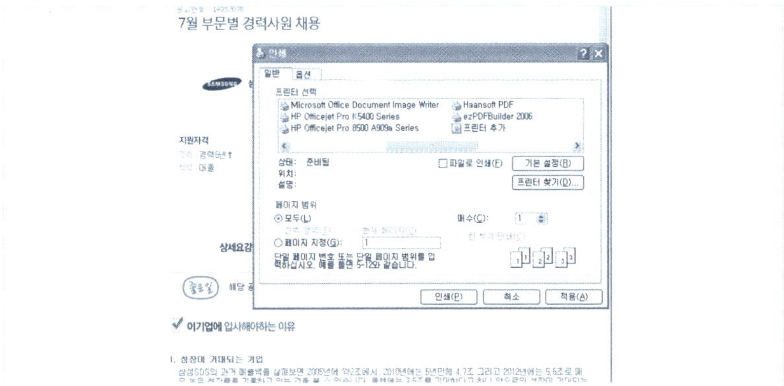

그림 12 채용 정보 PDF 저장

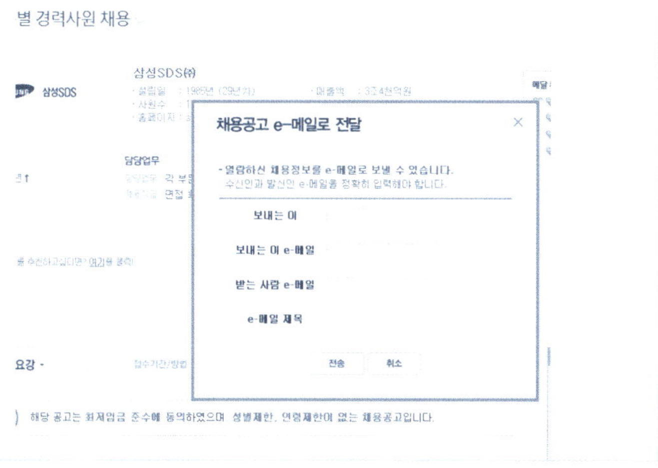

그림 13 채용 정보 E-mail 저장

PDF 저장은 PDF 프린터드라이버를 설치하면 가능하고, E-mail 저장은 받는 사람 E-mail 계정에 자신의 메일 계정을 기재하고 제목은 채용 공고로 분류하여 체계적으로 관리하면 좋습니다. 이렇게 하면 채용 정보를 개인 폴더나 메일 보관함을 통해 관리할 수 있어 지속적인 영업이 가능합니다.

최근에는 인디드(http://www.indeed.com)처럼 일반 채용 공고를 검색할 수 있는 사이트도 있어, 고객사 포지션 검색이 용이해졌습니다. 검색어로 웹에 게시된 채용 공고를 찾을 수 있어, 좋은 후보자가 있을 때 이용하면 좋습니다. 그 회사에 역으로 후보자 추천 제안을 할 수도 있습니다.

그림 14 인디드 메인 화면

사람인은 잡코리아나 인크루트, 커리어, 스카우트 등보다 후발 주자이나 최근 채용 정보와 인재 DB가 부쩍 많아진 느낌을 받습니다. 저도 사람인에서 채용 정보를 많이 보고 있습니다. 초반에는 자신의 경력과 비슷한 채용 광고를 보면서 고객사 영업을 하는 것이 좋습니다. 예를 들면, 저는 기술영업을 한 바 있기에 기술영업, 기술지원, SI 영업, 개발 등 IT 기업을 영업했습니다. 고객사 인사담당자에게 가장 많이 연락할 텐데, 인사담당자가 헤드헌터의 무엇을 보고 채용 의뢰를 하겠습니까? 당연히 헤드헌터가 관련 채용 포지션의 직무를 정확하게 파악하는지를 가장 먼저 볼 것입니다. 이를 위해서는 관련 업종이나 직종에 대한 이해가 있어야 합니다. 냉정하게 얘기해서, 아무 준비가 되지 않은 상태에서 고객사 영업을 한다면 헤드헌터나 고객사의 인사담당자나 시간 낭비일 겁니다. 이를 방지하기 위해 무엇을 공략해야 할까요? 제 경험을 예로 들어 보겠습니다.

우선, 고객사의 상황을 세밀하게 파악해야 합니다. 채용을 의뢰받았을 때는 필수고, 잠재 고객사일 경우에도 도움이 됩니다. 회사를 파악하는 방법은 여러 가지가 있습니다. 일반적으로 고객사 홈페이지에서 파악하고, 회사에 대한 여러 기사도 참고합니다. 코참비즈(http://www.korchambiz.net)나 DART(전자공시시스템)(http://dart.fss.or.kr)도 큰 도움이 됩니다. 코참비즈는 대한상공회의소에서, DART는 금융감독원에서 운영하고 있습니다. DART는 상장 업체(거래소, 코스닥) 위주의 정보인 반면, 코참비즈는 대한상공회의소에 등록된 10만 개의 기업 정보를 제공하고 있습니다. DART보다 자세하지는 않지만 대략적으로 회사 정보를 알 수 있습니다. 일반 정보, 사업장 정보, 상품 정보, 채용 정보, 재무 정보 등을 포함합니다. 이런 정보를 알아 두면 나중에 포지션을 받아서 후보자를 섭외할 때 유용합니다. 후보자가 헤드헌터를 신뢰하는 데 도움을 줍니다.

중소기업 중에 견실한 의료 기기 제조업체 덴티움의 회사 정보를 살펴보겠습니다.

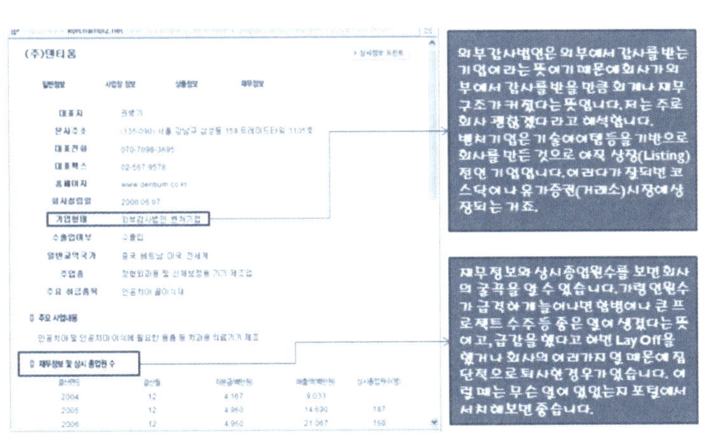

그림 15 덴티움 회사 일반 정보 1

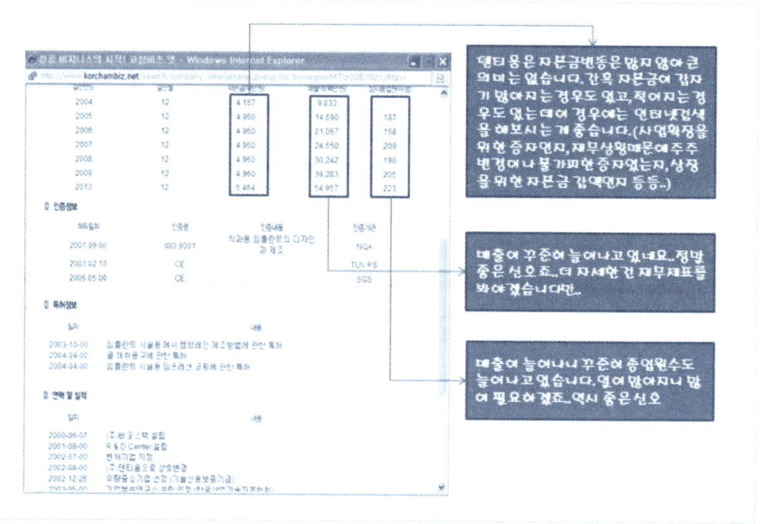

그림 16 덴티움 회사 일반 정보 2

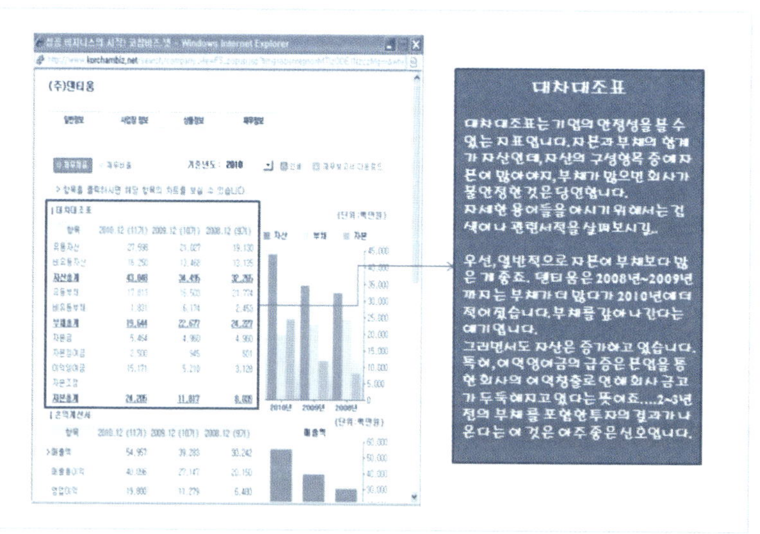

그림 17 회사 대차대조표

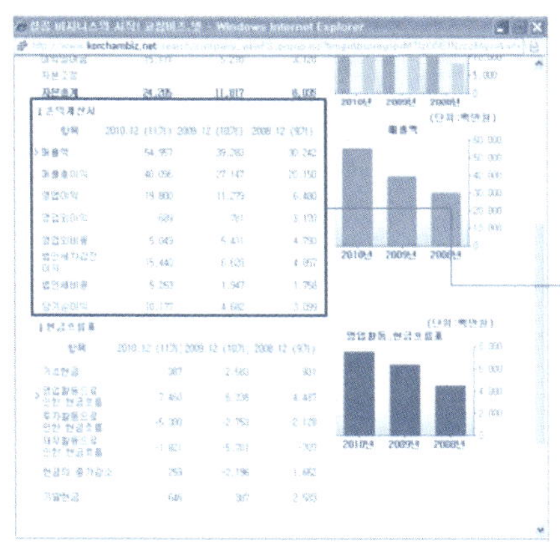

그림 18 손익계산서

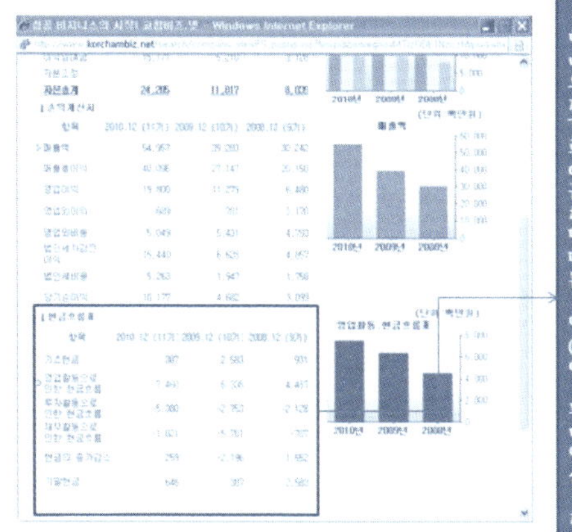

그림 19 현금 흐름표

이를 통해 고객사의 상황을 개략적으로 파악할 수 있습니다. 상장 업체는 DART를 참고하면 더욱 상세히 알 수 있습니다. 금융감독원에서 투자자와 주주를 위해 공시하는 사이트이기 때문에 신뢰성이 매우 높습니다. DART에는 재무제표는 물론이고 회사 개요, 사업 내용 및 현황, 임원 명단, M&A에 영향을 미칠 수 있는 최근 인수 합병에 대한 사항 등 매우 자세하게 기재되어 있습니다. 코참비즈는 로그인을 해야 회사 정보를 볼 수 있습니다만, DART는 로그인을 하지 않아도 사이트에서 회사 이름만 치시면 아주 상세하게 볼 수 있습니다.

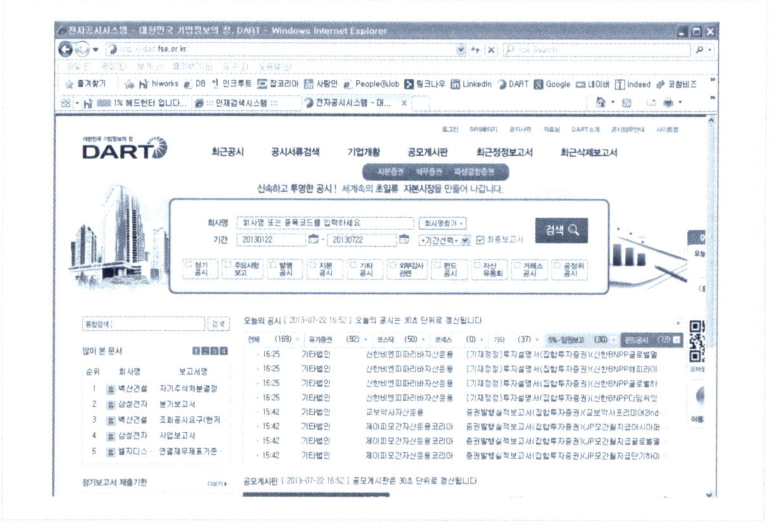

그림 20 DART 메인 화면

메인 화면에 삼성전자를 입력하고, 뜨는 회사에 대한 여러 정보 중 '분기보고서'나 '반기보고서'를 보면 삼성전자의 아래와 같은 정보를 얻을 수 있습니다.

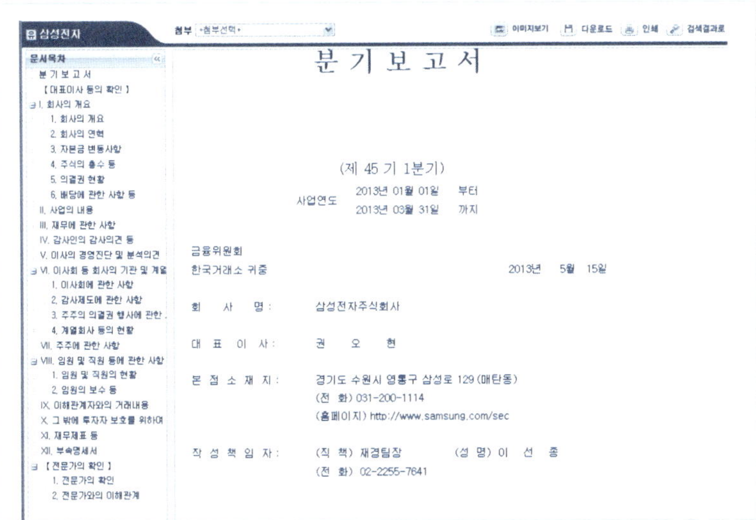

그림 21 삼성전자 보고서

　이 분기보고서는 상장 업체인 삼성전자의 주주들은 물론 일반인에게도 공개되는 내용입니다. 좌측 메뉴에서 회사 개요, 사업 내용, 재무 사항, 감사 의견, 경영 진단 및 분석 의견, 부속 명세서 등 회사를 면밀하게 살펴볼 수 있는 기능을 제공합니다. 검색을 희망하는 상장 기업을 입력하고 회사의 고급 정보를 얻어 갈 수 있는 좋은 도구입니다.

　고객사를 파악한다고 영업이 다 이뤄지는 것은 물론 아닙니다. 고객사의 정보를 어느 정도 파악했다면, 고객사의 채용 대행을 위한 1차 준비가 끝났다고 해도 무방합니다. 이제 영업만 하면 됩니다. 거듭 말씀드립니다만 영업은 중장기적으로 봐야 합니다. 저는 고객사에 영업 메일을 보낼 때, 상황에 따라 다릅니다만 채용 배경을 예상하고 메일을 씁니다. 그리고 그러한 부분을 채울 수 있도록 노력하겠다는 취지의 글을 씁니다.

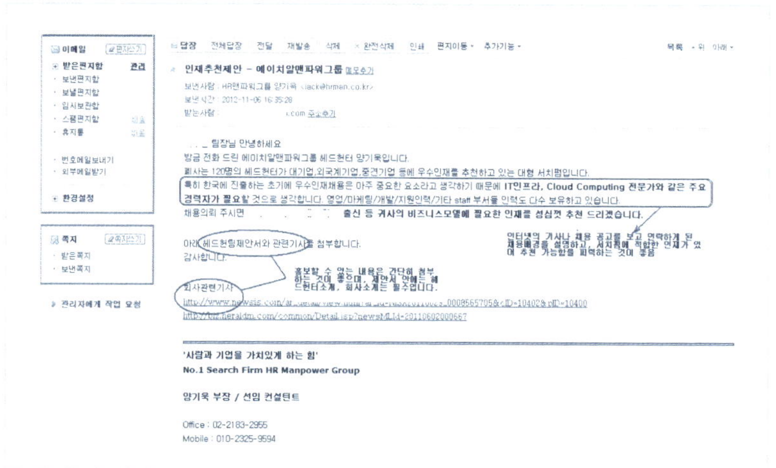

그림 22 헤드헌팅 서비스 제안 메일 예시

정답은 없습니다. 고객사 정보와 관련 기사를 두루 살펴보고, 이 회사가 비전 있고 괜찮다 싶으면 자기가 추진하는 영업 방식이 최고라는 자신감을 갖고 꾸준히 영업하십시오. 포지션 의뢰를 받을 수 있으리라 확신합니다. 헤드헌팅에 입문하는 분들이 가장 부담스러워하는 부분 중 하나가 전화 영업입니다. 개인적인 생각입니다만 처음 입문하는 분은 전화 영업을 많이 하면 안 좋습니다. 성향에 따라 다르지만 무궁무진한 잠재력을 가진 것 같은데 내성적이라, 고객사 영업하면서 스트레스를 많이 받아 그만두신 분이 많습니다. 협업으로 인재를 추천하시거나 고객사 영업은 메일로 하고, 점차 자신감이 생기면 그때 전화로 하는 것이 좋습니다. 전화 영업에 부담을 느낀다면 미리 메일로 내용을 적어 놓고 읽어도 좋습니다. 전화 영업을 하다 보면 인사담당자의 패턴을 알 수 있습니다. 대략 아래 다섯 가지로 나뉩니다.

1. 서치펌을 사용하지 않는다는 경우
2. 계약된 서치펌만 사용한다는 경우
3. 다음에 연락 달라는 경우
4. 무응답 혹은 담당자를 모른다는 경우
5. 후보자를 바로 찾아 달라는 경우

표현만 다르지 1~4번은 거의 같은 유형입니다. 즉, 포지션을 의뢰하지 않겠다는 뜻입니다. 하지만 저와 제 동료들은 이런 경우에도 나중에 포지션을 받아 진행해서 채용을 성사시킨 경우가 많습니다. 인사담당자들의 고충도 이해해 줘야 합니다. 포지션을 채용 포털에 포스팅하는 날에는 수십 통, 수백 통의 전화를 받습니다. 이렇게 공급이 많은데 어떤 분에게 포지션을 주겠습니까? 기본적으로 한 번의 전화나 메일로 고객사 영업을 끝낸다는 생각은 버려야 합니다. 장기적으로 봐야 합니다. 아무리 헤드헌터가 관련 업종이나 직무를 잘 안다고 해서 선뜻 채용 의뢰를 주기는 쉽지 않습니다. 처음엔 회사 소개와 간단한 인사로 끝맺고, 지속적으로 연락하는 것이 가장 중요한 포인트입니다. 이를 잘 응용하면 언젠가는 채용 의뢰를 받을 수 있습니다.

5번 유형은 어떻습니까? 연락했는데, 마침 잘됐다면서 후보자를 찾아
달라는 경우도 간혹 있습니다. 제게도 이런 경험이 있는데, 마치 합격시킨
것처럼 기쁘더군요. 하지만 이런 경우가 꼭 좋지만은 않습니다. 얼마나 찾
기 어려우면 그러겠습니까? 그리고 인사담당자가 제게만 그렇게 얘기했겠
습니까? 그러한 업체들은 피드백이 늦거나 채용 자체가 흐지부지한 경우
가 간혹 있습니다. 시간이 재산인 헤드헌터에게 이런 경우는 오히려 시간
낭비라서 더 좋지 않습니다. 이를 뒷받침하는 제 동료들의 설문 데이터를
살펴보겠습니다.

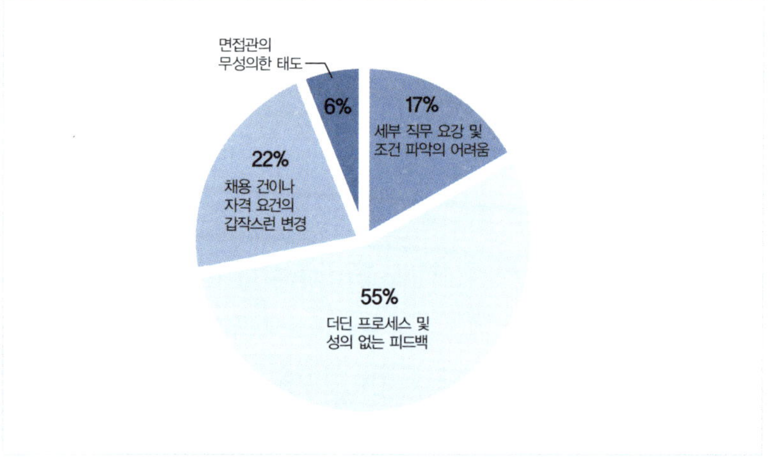

그림 23 고객사 상대 시 힘든 부분

고객사가 많다고 성과로 이어지는 것은 아닙니다. 이 점은 매우 중요합
니다. 어떤 분은 고객사가 모든 것이라고 생각하는데, 포지션을 진행하다
가 고객사가 채용 프로세스를 중간에 홀딩한다든지 채용 요건을 갑작스럽

게 변경해 버리면, 헤드헌터는 자신의 시간을 잃어버리는 것은 물론 후보자와의 신뢰에도 문제가 생길 수 있습니다. 그래서 고객사가 많다고 꼭 좋은 것은 아닙니다. 우량 고객사를 선별하여 프로세스 하는 것이 더 좋습니다.

고객사에게 중장기적인(최소 3개월, 최장 2, 3년) 플랜을 가지고 꾸준히 마케팅을 하다 보면 고객사에서도 생각할 겁니다. '오랫동안 마케팅 하는 것을 보면 꾸준할 것 같아서 신뢰가 간다' '마침 급한 채용 건이 생겼는데, 그간 연락 왔던 헤드헌터가 누구더라?' 고객사에게 유용한 정보(경제 동향, 채용 시장 동향, 특정 산업 뉴스)가 담긴 뉴스레터도 발행하면 좋습니다. 저도 처음엔 뉴스레터를 썼습니다만, 지금은 많이 게을러져서 안 쓰고 있습니다. 반성하고 있습니다.

결론적으로 고객사 영업에 왕도는 없습니다. 꾸준히 고객사를 관리하는 방법밖에 없습니다. 그러다 보면 어느 날 채용 의뢰 메일이나 전화가 옵니다. 그것이 진정성 있는 오더입니다. 저는 지인(예전 후보자나 고객사 인사담당자)을 통해서 얻는 오더가 가끔 있습니다. 이 경우에도 고객사 상황을 정확하게 파악해야 합니다. 채용 오더 중에서 좋은 포지션은 다음과 같은 특성이 있습니다.

급한 오더

사람이 급하게 필요한 오더는 인사에서 현업으로 전달되는 시간이 짧고, 현업에서도 즉시 검토 결과가 나옵니다. 이는 주로 고객사의 인재가 갑자기 퇴사하여 발생하는 것으로, 고객사가 급하므로 잘만 찾으면 성사될 확률이 높습니다.

단독 서치펌 이용

당연한 원리입니다만, 고객사에서 서치펌을 여러 군데 이용하면 경쟁률이 높아지므로 석세스할 확률이 낮아집니다. 따라서 단독으로 서치펌을 이용하면 그만큼 성사될 확률이 높습니다.

채용 프로세스가 빠른 오더

채용 프로세스가 길어지면(주로 대기업이나 외국계 기업) 변수가 많이 생깁니다. 포지션을 오픈해서 서치펌이 열심히 추천했는데 중간에 온라인으로 우수한 인재가 지원하거나 내부 직원이 다른 부서로 이직을 요청하면, 성사 확률이 낮아집니다. 따라서 이런 경우 채용 프로세스가 어느 정도 걸리는지 확인해 볼 필요가 있습니다.

수수료율이 좋은 오더

수수료가 높을수록 헤드헌터에게는 동기부여가 됩니다. 제가 속한 에이치알맨파워그룹에서는 포지션을 수주하는 헤드헌터와 인재를 추천해 주는 100여 명의 헤드헌터가 협업하는 시스템이 갖춰져 있습니다. 처음 헤드헌팅 할 때 고객사 영업이 꽤나 부담스럽기 때문에, 이런 협업 시스템은 입문하는 분들에게 아주 좋은 제도입니다. 이런 경우 수수료는 배분합니다. 수수료가 많을수록 도와주는 헤드헌터가 온·오프라인을 동원하여 열심히 추천할 것이므로 성사 확률이 높아집니다.

후보자 섭외

헤드헌팅을 처음 시작할 때는 고객사 확보가 가장 중요하다고 생각했습니다. 중요하지 않은 것은 아닙니다만, 헤드헌팅을 어느 정도 하다 보니 후보자가 가장 중요하다고 느낍니다. 제 동료들도 공감하는 바입니다. 후보자 섭외(47%)가 고객사 영업(35%)보다 어렵다고 합니다. 실제로 포지션이 없어서 석세스가 나지 않는 경우보다는, 포지션은 있는데 사람이 없어서 석세스가 나지 않는 경우가 경험상 훨씬 많습니다. 이 일을 하면서 직장 생활, 사회생활 할 때 인간관계를 좀 잘 다져 놓을 걸 하는 후회를 여러 번 했습니다.

그럼 현직 헤드헌터들은 후보자 섭외 시에 어떤 걸 어려워할까요?

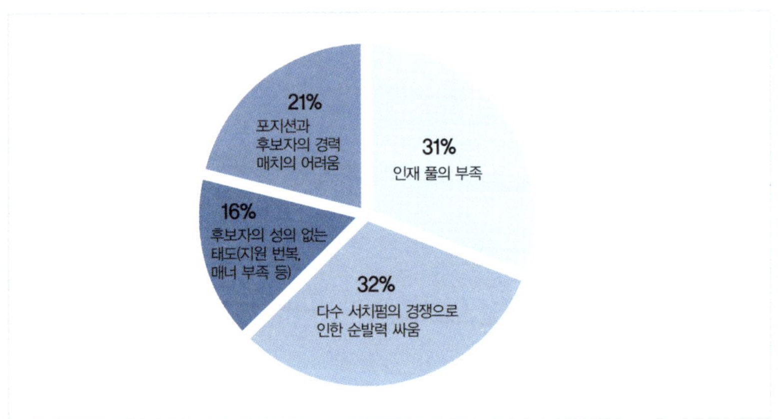

그림 24 후보자 섭외 시 어려운 부분

그림에서 알 수 있습니다만, 인재 수요가 부족하다고 느끼는 사람이 많습니다. 서치펌 간에 경쟁이 치열하다 보니, 후보자를 빨리 찾아야 채용으로 이어지는 경우가 많습니다. 21%는 포지션과 후보자를 매치하는 것이 어렵다고 답변했는데, 이는 직무에 대한 정의를 명확히 하기 위해 노력해야 합니다.

미래에 헤드헌터가 유망한 것도 바로 이런 이유 때문입니다. 포지션은 있는데 사람은 없는 경우가 많아질 겁니다. 더구나 인구는 점점 줄고 있습니다. 현재 인구 구성상 10~20년 후에는 더욱 사람이 귀할 것입니다. 그때가 되면 훌륭한 인맥을 많이 가진 헤드헌터는 그만큼 시장에서 인정받을 것입니다. 인맥은 폭도 넓어야겠지만 깊이가 있어야 합니다. 그러기 위해서는 꾸준히 인맥 관리를 해야 합니다. 옆집 이웃도, 오랜만에 만나는 동창도, 학부모 회의에서 만나는 학부형들도 중요한 인맥이 될 수 있습니다. 이런 오프라인 인맥은 이제부터 설명할 온라인 후보자보다도 끈끈합니다.

그럼 후보자 섭외에서 가장 중요한 검색 방법부터 알아볼까요?

첫째로, 처음 고객사에게 오더를 받으면 채용 포털에 채용 공고 등록부터 해야 합니다. 채용 포털 입장에서 서치펌은 큰 고객으로, 매월 혹은 매년 일정 금액을 지급하는 유료 회원이라 채용 공고를 낼 수 있습니다. 이를 헤드헌터는 잘 이용해야 합니다. 공고를 냈다고 모두가 좋은 후보자는 아니라서 매번 실망을 많이 하는데, 가끔씩 딱 맞는 후보자도 지원서를 내게 되어 있습니다. 저도 공고를 통해 석세스를 여러 번 냈습니다. 처음엔 열심히 내다가도 나중에는 게을러져서 올리지 않는 경우도 많은데, 이일은 꾸준해야 합니다. 꾸준해야 성과가 납니다.

둘째로, 채용 포털의 인재 DB를 검색합니다. 최근 국내 채용 포털은 잡코리아와 사람인이 양분하고 있습니다. 1990년 중반부터 2000년대까지는 잡코리아, 인크루트, 스카우트의 인지도가 높았습니다만, 최근에 사람인이 많이 추격했습니다. 아니 외려 인크루트, 스카우트, 커리어 등은 인지도가 예전에 비해 많이 떨어진 듯 보입니다. 후보자 검색을 할 때 그 수가 잡코리아보다 더 많을 때가 종종 있습니다. 사람인은 1980년대 이후 출생자들이 더 많이 이력서를 올리는 듯합니다.

검색하는 방법은 상황에 따라 약간 다릅니다. 포지션이 급할 경우, 포지션을 받은 즉시 검색을 시작해야 합니다. 다른 서치펌도 검색할 확률이 큽니다. 그야말로 이런 경우는 시간 싸움입니다. 많은 헤드헌터가 초반에 몇 번 찾고 포기하는 경우도 있습니다. 검색 조건을 좀 넓게 해놓고 같은 조건으로 하루에 꾸준히 검색해야 합니다. 날마다 이력서가 업데이트 될 수 있기 때문입니다. 그리하면 다른 헤드헌터들이 포기할 무렵에 검색 부문에 맞는 후보자들을 유유히 섭외할 수 있습니다.

셋째로, SNS를 통해 꾸준히 인맥을 쌓아 나가야 합니다. 헤드헌터가 유용하게 사용할 SNS로는 링크나우, 링크드인(LinkedIn), 페이스북, 트위터가 있으며, 몇몇 헤드헌터는 이를 이용하여 마케팅과 후보자를 섭외하기도 합니다. 팔로워(Follower)나 팔로잉(Following)으로 꾸준히 인맥을 관리하고 정보 수집을 하는 겁니다. 페이스북이나 트위터는 비즈니스용이라기보다는 광범위한 소셜 네트워크 서비스이기에, 여기서는 링크나우와 링크드인만 알아보겠습니다.

링크나우(www.linknow.kr)는 2007년 7월에 인맥 구축 서비스를 표방하며 오픈했습니다. 회원이 프로필을 통해 경력과 전문성을 알리면 필요한 사람을 쉽게 찾아 연결할 수 있습니다. 온라인 인맥으로 계속 쌓아 나가려면 회원 가입하고 지인을 많이 초대해야 합니다. 메일 주소록을 업로드하면 친한 지인들을 초대할 수 있습니다. 타인과의 인맥 요청이 승인되면 1촌, 1촌의 지인과는 2촌, 2촌의 지인과는 3촌이 됩니다. 3촌까지 검색이 가능합니다.

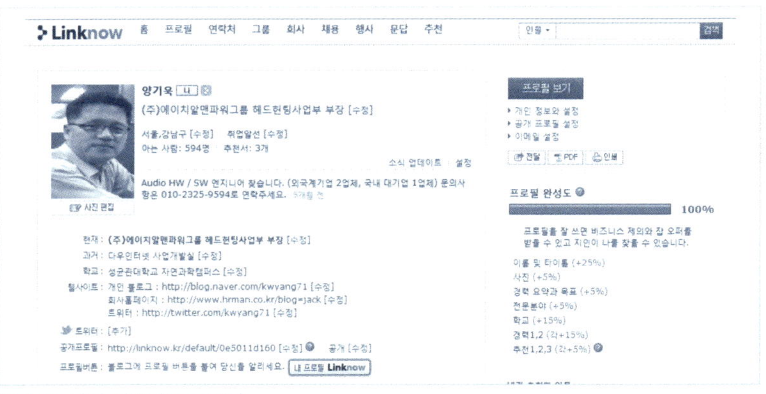

그림 25 나의 링크나우 프로필

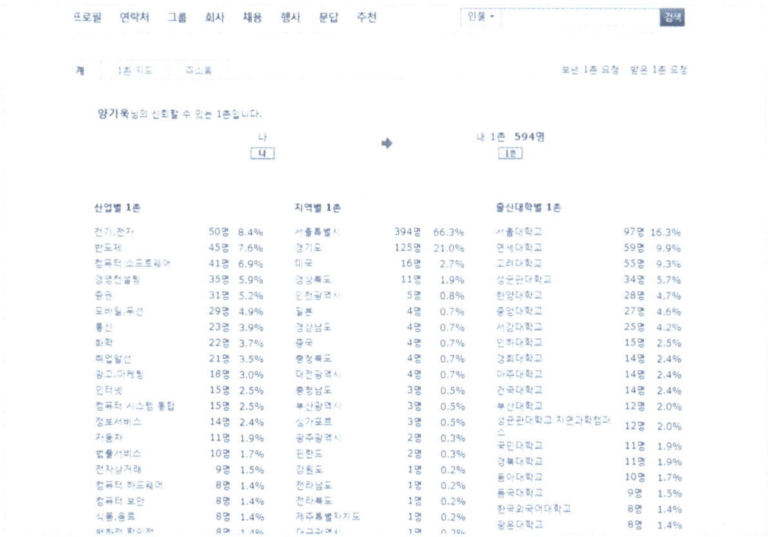

프로필 연락처 그룹 회사 채용 행사 문답 추천 인물 ▾ 검색

계 1촌 지도 주소록 보낸 1촌 요청 받은 1촌 요청

양기욱님의 신뢰할 수 있는 1촌입니다.

나 [나] → 내 1촌 594명 [1촌]

산업별 1촌			지역별 1촌			출신대학별 1촌		
전기,전자	50명	8.4%	서울특별시	394명	66.3%	서울대학교	97명	16.3%
반도체	45명	7.6%	경기도	125명	21.0%	연세대학교	59명	9.9%
컴퓨터 소프트웨어	41명	6.9%	미국	16명	2.7%	고려대학교	55명	9.3%
경영컨설팅	35명	5.9%	경상북도	11명	1.9%	성균관대학교	34명	5.7%
증권	31명	5.2%	인천광역시	5명	0.8%	한양대학교	28명	4.7%
모바일,무선	29명	4.9%	일본	4명	0.7%	중앙대학교	27명	4.6%
통신	23명	3.9%	경상남도	4명	0.7%	서강대학교	25명	4.2%
화학	22명	3.7%	중국	4명	0.7%	인하대학교	15명	2.5%
취업알선	21명	3.5%	충청북도	4명	0.7%	경희대학교	14명	2.4%
광고,마케팅	18명	3.0%	대전광역시	4명	0.7%	아주대학교	14명	2.4%
인터넷	15명	2.5%	충청남도	3명	0.5%	건국대학교	14명	2.4%
컴퓨터 시스템 통합	15명	2.5%	부산광역시	3명	0.5%	부산대학교	12명	2.0%
정보서비스	14명	2.4%	싱가포르	3명	0.5%	성균관대학교 자연과학캠퍼스	12명	2.0%
자동차	11명	1.9%	광주광역시	2명	0.3%	국민대학교	11명	1.9%
법률서비스	10명	1.7%	핀란드	2명	0.3%	경북대학교	11명	1.9%
전자상거래	9명	1.5%	강원도	1명	0.2%	동아대학교	10명	1.7%
컴퓨터 하드웨어	8명	1.4%	전라남도	1명	0.2%	동국대학교	9명	1.5%
컴퓨터 보안	8명	1.4%	전라북도	1명	0.2%	한국외국어대학교	8명	1.4%
식품,음료	8명	1.4%	제주특별자치도	1명	0.2%	광운대학교	8명	1.4%

그림 26 나의 링크나우 1촌 통계

위의 그림에서 보면 저의 링크나우 1촌은 2013년 7월 기준 594명인데, 그 1촌들에게도 다른 1촌이 있으므로 저의 2촌은 기하급수적으로 늘어납니다. 후보자 검색을 할 때 1촌은 보통 연락처가 공개되고, 2촌은 연락처는 없으나 상세 프로필을 볼 수 있습니다. 3촌은 아무래도 2촌보다 정보가 덜 공개됩니다. 그럼에도 1촌이 500명이고 각 1촌에게 또 500명씩 1촌이 있다고 가정하면, 2촌은 중복 인재 때문에 25,000명까지는 아니지만 훨씬 많아지므로 잠재적인 후보자라는 관점에서 볼 때 매우 중요합니다. 그들이 후보자가 아닌 고객사의 인사담당자가 된다면 인맥 관리의 중요성은 더욱 높아질 겁니다. 링크나우도 기업이기 때문에 유료화 정책을 하고 회원 등급에 따라 정보 노출의 차이를 보이고 있는데, 저는 과감하게 유료회원으로 등록했습니다. 관련 일을 하는데 이 정도 비용을 아까워해서는 안 된다고 생각했습니다. 하지만, 제 주위에 동료분들은 유료 회원이 아니어도 좋은 인재를 잘 찾습니다. 즉, 필수 사항이 아닌 여러분의 선택 사항입니다. 이렇게 인맥을 구축해 놓으면 채용 포털에 없는 인재들을 키워드로 검색할 수 있습니다. 이것은 인재 수요 면에서 유리하므로 헤드헌터라면 사용을 권합니다.

이제 링크드인(www.linkedin.com)을 알아보겠습니다. 링크드인은 2003년 5월에 설립되어 전 세계 200개 국가에 2억 명 이상의 회원을 가지고 있는 명실상부한 세계 최대 비즈니스 네트워크라고 볼 수 있습니다. 페이스북이나 트위터와는 달리 개인의 프로필이 구체화되어 있고, 그 프로필에 의해 상호 인맥을 맺을 수 있습니다.

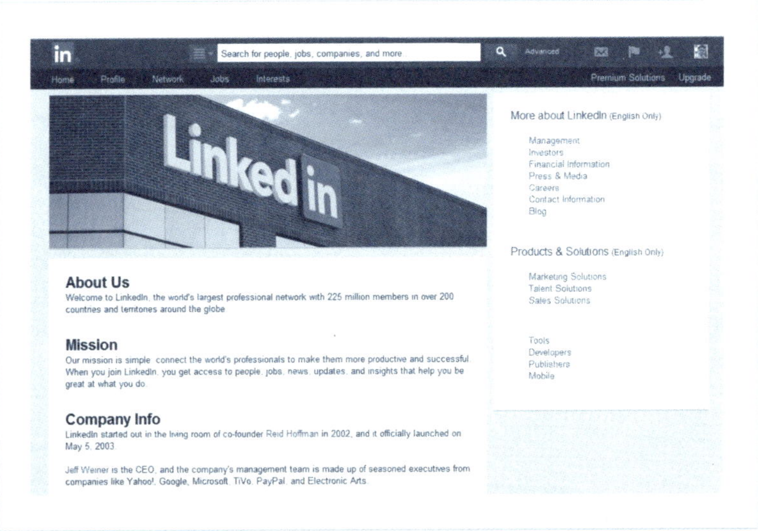

그림 27 비즈니스 SNS 링크드인

링크드인을 처음 경험했을 때 '세상에 정말 뛰어난 사람이 많구나' '학창 시절에 많이 노력할걸' 하고 생각했습니다. 그도 그럴 것이 링크드인에는 세계적인 유명 인사나 임원, 전문직, 기술자, 기획자 등이 아주 많습니다. 여러 가지 좋은 기능도 많습니다만, 우선 인맥 관리 기능을 알아보겠습니다.

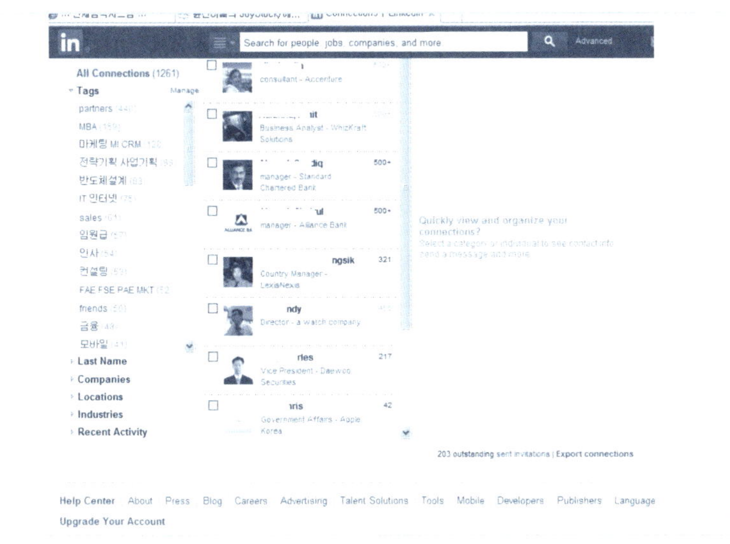

그림 28 링크드인의 인맥 관리

인맥의 기본적인 내용은 앞서 설명한 바와 같으며, 제 1촌 인맥은 위의 그림과 같이 1,261명입니다. 태그(Tag) 기능으로 분류해 놓으면 보기 편합니다. 저는 아직 체계적이지는 않지만, 주로 진행한 포지션 위주로 반도체나 MBA, 기획, 컨설팅, 마케팅, 금융(Finance), 금융 인력 등을 분류해 놓았습니다. 이 또한 후보자 검색에 있어 강력한 옵션이 될 수 있습니다. 제 동료 분은 1촌이 5,000명 넘는다고 합니다. 1촌은 많으면 많을수록 좋고, 1촌들과의 의사소통도 많으면 많을수록 좋습니다. 저는 하루에 상당 부분을 링크드인에 접속해서 정보 얻는 데 사용합니다. 연간 결제를 하면 2촌과 3촌의 프로필을 좀 더 볼 수 있고, 인맥이 아니어도 제안할 수 있는 'In Mail' 기능도 이용할 수 있습니다. 받는 분이 불쾌할 수도 있습니다만, 정중하게 보내면 상대방도 대부분 호의를 가지고 답변해 줍니다.

링크드인은 앞서 고객사 영업처럼 포지션 검색 기능도 있습니다. 메인 화면의 Jobs 메뉴가 그것입니다.

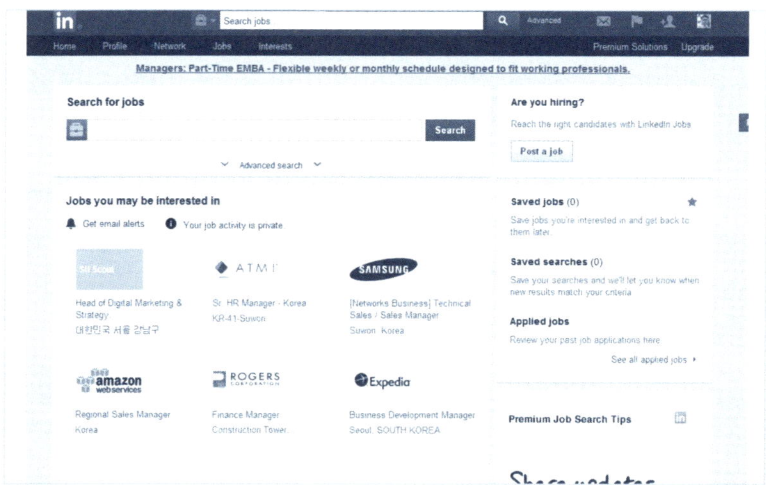

그림 29 링크드인의 Jobs 메인

여기 포지션 게시자가 해당 회사의 인사담당자입니다. 여기서 급한 마음을 먹어서는 안 됩니다. 앞서 설명드린 바와 같이 꾸준하게 인맥을 관리하고, 안부 인사하고, 정보를 교환할 때 포지션도 수주할 수 있습니다. 링크드인은 기본적으로 영어가 어느 정도 돼야 합니다. 아주 유창할 필요는 없으나 문의 메일이나 응답은 반드시 해야 하므로 꾸준히 영어 실력을 쌓아야 합니다. 어찌어찌해서 외국계 기업이 포지션을 수주했다고 가정해 봅시다. 그 이후의 프로세스나 계약, 스케줄 조정 등 많은 비즈니스 업무를 서툰 영어로 감당하기란 어렵습니다. 따라서 스스로 해결할 수 있을 만한 영어 실력을 쌓아야 합니다.

이 사이트는 일반 국내 채용 포털보다는 우수한 인재가 많아 고객사 영업이 힘든 좋은 포지션을 따낼 수 있는 기회의 장입니다. 하지만 단순히 헌팅이 목적이라고 상대방이 느낀다면 많은 인맥도 소용이 없습니다. 하여 꾸준한 인맥 관리, 안부 인사 등은 필수입니다. 포지션을 수주받든, 후보자를 섭외하든, 프로세스를 진행하든 진실해야 인맥이 힘을 발휘합니다. 예를 들어, SNS에서 알게 된 A라는 후보자와 채용 프로세스를 한 번 진행했는데 떨어졌습니다. 그럼에도 헤드헌터는 프로세스상에서 정보를 제공하거나 업데이트를 해주는 등 A에게 성심을 다합니다. 이러면 A는 헤드헌터를 신뢰합니다. 또한 더 나은 지인을 소개시켜 주기도 합니다.

넷째로, 오프라인 인맥 활용입니다. 앞서 잠시 언급했지만, 사회생활을 하면서 얻은 인맥을 통해 소개나 추천을 받는 경우가 있습니다. 이는 아주 중요한 방법입니다. 포지션에 맞는 후보자를 추천할 수 있는, 가장 가능성이 높은 섭외 방법입니다. 헤드헌터는 여러 방면에 지식이 있지만 보통 깊이가 얕기 때문에, 그 방면의 지인에게 말하면 그 지인이 가장 맞을 것 같은 사람을 머리에 떠올리고 소개합니다. 그렇게 소개받아 추천하면 성사 확률은 높아집니다.

그림 30 에이치알맨파워그룹 .인재 DB

저는 5년 동안의 헤드헌팅을 하면서 개인 PC에 약 1만 5,000명의 인재 DB가 생겼습니다. 채용 포털에 있는 전체 DB의 양과는 비교가 안 되지만 특정 직무나 업종에 대한 채용 프로세스 진행자나 검토자이기 때문에, 인재들의 경력 및 학력 수준이 좋은 편입니다. 제가 소속된 에이치알맨파워그룹 사내 DB에도 우수 인재가 약 30만 명 있습니다. 그 인재들마다 채용 역사가 있고, 관리자가 프로세스 진행하면서 느낀 점이나 후보자의 성향이 잘 기재되어 있어 일하기가 매우 편리합니다. 여기 있는 30만여 명을 기반으로 해서 인맥 관리만 잘해도 오프라인 인맥 활용은 아주 용이합니다. 물론 대한민국의 수천만 경제 인구를 생각하면 얼마 되지는 않지만, 그러한 인맥을 통해 특정 분야의 지인을 소개받을 수 있다는 것은 후보자 섭외 단계에서 강력한 무기가 됩니다.

마지막으로 아웃플레이스먼트(Outplacement) 업체의 리스트를 이용하는 방법이 있습니다. 아웃플레이스먼트 관련 업체와 네트워크를 형성해 놓는 것은 후보자 섭외의 또 다른 옵션이 될 수 있습니다. 아웃플레이스먼트란 1967년에 미국의 DBM(Drake Beam Morin Inc.)사가 처음 고안한 것으로, 기업들이 퇴직 프로그램을 개발하여 경제적 어려움이 있을 때 희망퇴직, 명예퇴직 등으로 구조 조정을 거치고, 퇴직한 인력에게 전문 이직 업체를 의뢰하여 이직을 알선해 주는 프로그램을 말합니다. 이직해 준다는 의미에서는 헤드헌팅과 비슷하나 경력전환센터를 중심으로 담당 컨설턴트가 지정된다는 점에서 큰 차이가 있습니다. 직장과 유사한 사무 환경을 갖춘 경력전환센터는 퇴직자에게 정서적으로 안정을 주고, 컨설턴트와의 상담을 통해 적성과 장단점을 분석하고 대비할 수 있습니다. 또한 헤드헌팅보다 후보자를 케어하는 범위가 넓을 수 있습니다. 그러나 이직에 대한 정보량은 서치펌보다 적은 경우가 많습니다. 그래서 DBM Korea나 인덱스루트 등 아웃플레이스먼트 회사의 담당 컨설턴트와 교류합니다. 이 서비스는 기업 측에서는 해고에 따르는 도의적인 부담을 덜고, 근로자는 실직에 대한 충격을 줄여 상호 간의 갈등을 줄이는 효과를 볼 수 있습니다. 기업에서는 아웃플레이스먼트 업체에 수수료를 제공하고, 아웃플레이스먼트 업체는 퇴직자들의 이직을 원활하게 도와줘야 재계약이 잘되므로 헤드헌터들과 원활하게 교류합니다. 그래서 월 1회 정도 홍보 자료를 보내 주는데, 여기에 후보자의 간략한 프로필이 담겨 있습니다. 저는 인재 분류 폴더에 아웃플레이스먼트 폴더를 따로 두어 가끔씩 검색합니다.

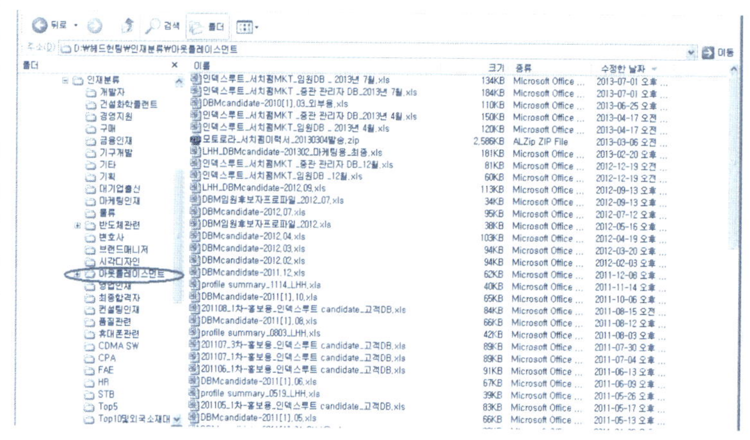

그림 31 아웃플레이스먼트 관련 인재

아웃플레이스먼트 인재 홍보용 프로필 자료는 DBM Korea나 인덱스루트 같은 아웃플레이스먼트 업체에 연락하여 자신을 소개하고, 홍보 자료를 받고 싶다고 얘기하면 엑셀이나 워드 혹은 PPT 형태로 보내 줍니다. 그 프로필을 보고 자신이 진행하는 포지션과 맞는 경우에는 채용 정보를 대략적으로 제공하고 연락처를 받아서 진행하거나, 아웃플레이스먼트 컨설턴트로 하여금 설명하게 하면 됩니다. 이렇게 채용이 성사됐다고 아웃플레이스먼트 업체에 헤드헌터가 비용을 지급할 필요는 없습니다. 헤드헌터는 채용 수수료를 기업에게 받으면 되고, 아웃플레이스먼트 업체는 퇴직 프로그램에 있는 퇴직자가 이직한 것으로 만족합니다.

시간이 흐르다 보면 개인 PC에 쌓이는 이력서는 많아져 어떻게 키워드로 모두 검색할 수 있을지 고민이 생깁니다. 다행히 그 부분을 해결해 주는 기능이 있습니다. 윈도우 탐색기로는 제목 검색이, 파워서치로는 텍스트까지 검색이 가능합니다. 윈도우 탐색기가 아닌 국내 검색엔진 업체인 코난테크놀로지의 데스크탑을 이용해도 좋습니다. 저는 구글 데스크톱으로 검색합니다. 특정한 포지션의 후보자가 생각나지 않을 때, 본문 내용으로 검색하면 아주 훌륭한 결과물을 나타냅니다. 하지만 검색 개수가 많아지면 업무의 집중도가 떨어질 수 있기 때문에 이력서 제목을 깔끔하게 적는 게 좋습니다. 제 경력을 파일 제목으로 저장할 경우는 다음과 같습니다.

기양기욱 SI 영업 기술영업 싱군판대 다우기술 사업 공백 있음.doc

파일 제목은 256바이트(한글 기준 100자 이상도 가능)까지 지원되므로 최대한 깔끔하고 일목요연하게 정리해 놓는 것이 좋습니다. 출생 연도, 이름, 경력 특징, 학교, 직장 등 알아볼 수 있도록 입문 초기부터 저장해 놓으면 시간이 흐를수록 도움이 됩니다. 출생 연도는 채용 프로젝트 때 대부분 직급별 혹은 타깃 연령대가 있으므로, 탐색기에서 검색할 때 검색 시간을 많이 단축시켜 줍니다. 이런 부분들은 직장인일 때 느끼지 못하는 헤드헌터만의 자산이 되므로, 저장할 때 심혈을 기울이기 바랍니다.

후보자 섭외 시 주의할 점

후보자의 경력을 보호하기 위해서는 항상 자신이 이직한다고 생각해야 합니다. 경력만 맞으면 서울에 거주하는 사람을 구미에 추천하고, 광주에 있는 사람을 청주에 추천하는 등 업종과 관계없이 이 회사 좋으니까 잘 생각해 보라고 설득한 기억이 있습니다. 하지만 지금은 회사의 비전과 처우,

문화 등이 아주 좋다면 얘기하지만, 가급적 신중합니다. 지역적인 측면을 잘 고려하려면 우리나라의 지리를 외우고 있어야 합니다. 최소한 책상 앞에 지도를 두고 거리감, 교통편, 거주 환경(출퇴근 혹은 기숙사) 등을 미리 생각해 두어야 합니다. 아주 먼 지방이 아니라도 서울 상계동에 사는 후보자를 경기도 시흥에 있는 회사에 추천할 때는 지도를 한 번 보는 것이 좋습니다. 그리고 포털에서 자가용이든 대중교통이든 시간이 어느 정도 걸리는지 파악하고, 후보자에게 동의를 구하는 것이 좋습니다. 헤드헌터 본인이 이런 제안을 받으면 출근할까 생각해 보는 등 세심하게 배려할 필요가 있습니다.

업종이나 직종 전환을 제안할 경우도 후보자에게 충분히 동의를 구하고 고민할 시간을 줘야 합니다. 대기업에서 8년간 휴대폰개발자였던 사람을, 고액 연봉을 제시한 유망한 벤처게임회사의 앱개발자로 이직시킨다고 가정해 봅시다. 이 경우, 헤드헌터가 제시해야 할 것은 크게 두 가지입니다. 하나는 현재 포지션의 내용을 사실대로, 최대한 자세하게 얘기하고, 다른 하나는 성공했을 때와 실패했을 때 후보자의 경력 설정에 미치는 영향을 미리 환기시켜 주는 것입니다. 그 후 후보자의 결정에 맡기는 것입니다. 주관적인 내용을 자제하고 객관적인 관점을 유지할수록 후보자가 헤드헌터를 신뢰합니다.

후보자 전화 연락 팁

후보자를 검색하다 보면 딱 이 사람이다 싶은데 전화번호가 바뀌었을 때가 있습니다. 집 전화번호도 없으면 답답합니다. 이럴 때 예전 전화번호를 찾는 규칙이 있습니다.

변경 전		변경 규칙	변경 후
011 사용자	200~499	앞에 5 추가	5200~5499
	500~899	앞에 3 추가	3500~3899
	1700~1799	앞뒤 두 숫자 바뀜	7100~7199
	9000~9499	유지	9000~9499
	9500~9999	앞 숫자 8로 변경	8500~8999
017 사용자	200~499	앞에 6 추가	6200~6499
	500~899	앞에 4 추가	4500~4899
016 사용자	200~499	앞에 3 추가	3200~3499
	500~899	앞에 2 추가	2500~2899
	9000~9499	앞 숫자 7로 변경	7000~7499
	9500~9999	유지	9500~9999
018 사용자	200~499	앞에 4 추가	4200~4499
	500~899	앞에 6 추가	6500~6899
019 사용자	200~499	앞에 2 추가	2200~2499
	500~899	앞에 5 추가	5500~5899
	9000~9499	앞 숫자 8로 변경	8000~8499
	9500~9999	앞 숫자 7로 변경	7500~7999

그림 32 전화번호 변경 규칙

예를 들어, 011-1701-0001이던 번호는 010-7101-0001로 바뀌고, 019-325-0001이던 번호는 010-2325-0001이 됩니다. 이는 기종을 변경하면서

번호를 바꾸지 않고, 예전 번호를 승계할 경우에만 적용됩니다. 제가 변경된 규칙으로 전화를 해보았을 때 60~70%가 맞았습니다.

근로소득자 월 실수령액 계산

연봉	월급여액(세전)	실수령액(세후)	공제액 계
3000만 원	250만 원	227만 1,300원	22만 8,700원
4000만 원	333만 3,333원	294만 4,030원	38만 9,300원
5000만 원	416만 6,667원	359만 4,760원	57만 1,900원
6000만 원	500만 원	427만 1,230원	72만 8,770원
7000만 원	583만 3,333원	494만 8,060원	88만 5,270원
8000만 원	666만 6,667원	554만 8,860원	111만 7,800원
9000만 원	750만 원	614만 9,650원	135만 350원
1억 원	833만 3,333원	675만 5,250원	157만 8,080원
1억 5000만 원	1250만 원	941만 5,310원	308만 4,690원
2억 원	1666만 6,667원	1190만 4,370원	476만 2,290원

표 3 근로소득자 세전 세후 연봉표 (※계산 근거 자료: 국민연금 – 2013년 7월 기준 소득월액 상한액 변경분 반영, 건강보험 – 2013년 1월부터 5.89% 변경분 반영, 고용보험 – 2011년 4월부터 0.55% 변경분 반영, 소득세 – 2012년 9월 개정된 근로소득 간이세액표 반영

연봉 협상할 때, 특히 후보자와 얘기할 경우 월 소득을 얘기해 주면 종종 실감이 납니다. 경력이 아주 좋은, 억대 연봉을 받는 시니어 후보자들은 금액이 커질수록 공제 비율이 높아져서 실수령액 차이가 훨씬 적습니다. 참고용으로 세전 및 세후 수령액을 알아 두시면 편리합니다.

연봉 협상할 때 헤드헌터가 이 표(Table)를 가지고, 연봉 체계, 즉 기본 연봉, 수당, 현금성 복리 후생, 인센티브(PS, PI) 등을 자세하게 알려 주면 후보자가 헤드헌터를 훨씬 신뢰합니다.

채용 프로세스(서류 및 면접)

서류 단계

포지션을 오픈하고 후보자를 섭외해서 이력서를 받았다면 고객사에게 서류를 전달합니다. 서류 추천은 가급적 복수의 후보자를 추천해야 고객사가 선택할 수 있어 좋은 평가를 받습니다. 이때 후보자에 대한 설명(Comment)과 함께 정보를 간략하게 정리하면, 인사담당자들이 일을 더 명료하게 처리할 수 있기 때문에 좋습니다.

밑의 그림은 제가 고객사에게 추천할 때 보내는 메일입니다. (개인 정보 관계상 신상 정보는 공개하지 않습니다.)

그림 33 인재 추천 메일 예시

면접 단계

저는 서류를 통과한 후보자들을 면접 전에 가급적 한 번 이상 만나 인터뷰 합니다. 보통 사무실에서 하며, 후보자가 움직이기 힘든 경우는 후보자 사무실 근처 커피숍에서 합니다. 만나서는 후보자의 이력서를 보면서 소탈하게 얘기합니다. 면접 분위기를 내지 않습니다. 이는 후보자와 인맥을 쌓는 과정이며, 서로 간의 신뢰가 쌓이면 다음 단계에서 일어날 수 있는 각종 사고에 대해 어느 정도 방지할 수 있습니다. 이때 계산적이기보다 마음을 터놓는 것이 중요합니다. 경력에 대한 간단한 리뷰, 예상 질문, 고객사에 대한 추가 정보, 면접 상황에서의 팁, 회사 문화, 다른 후보자의 전형 분위기, 처우 조건 등 후보자가 궁금해 할 수 있는 부분을 정리하는 것은 어느 정도 도움이 됩니다. 여기까지가 헤드헌터가 기본적으로 해야 할 업무입니다. 이후는 하늘의 뜻에 맡겨야 합니다. 진인사대천명(盡人事待

天命)입니다.

헤드헌터는 후보자가 1차, 2차, 3차 면접을 거칠 때 고객사의 인사담당자와 의사소통을 정확하게 하여 후보자에게 전달할 필요가 있습니다. 면접 통과자가 이전 단계에서 미흡했던 부분을 보충하고, 더 스마트한 모습으로 다음 단계 면접에 임할 수 있도록 도움을 줘야 합니다. 가끔 이 단계에서 서로 오해하여 프로세스를 더 이상 진행하지 못하는 경우도 있습니다. 특히 합격할 확률이 높은데 틀어지면 매우 안타깝고, 에너지는 많이 소모되어 슬럼프에 빠질 수 있으니 심혈을 기울여야 합니다.

처우 및 입사 시기 협의

합격은 했는데 처우가 안 맞거나 입사 시기 때문에 고객사와 이견을 좁히지 못해 출근을 못하는 경우를 때때로 접합니다. 헤드헌터를 하면서 가장 안타까운 순간입니다. 이런 경우만 없었다면 두 배 가까운 매출을 올렸을 겁니다.

2011년 초에 중견 네트워크장비 업체 해외영업 포지션을 진행했는데, 차장급의 한 후보자를 합격시켰습니다. 연봉 협의도 잘 마쳐서 아무 문제가 없을 거라고 생각했습니다만, 출근을 한 주 앞두고 후보자에게 전화가 왔습니다.

"입사 시기를 2주만 늦췄으면 합니다."

느낌이 좋지 않았습니다만 이유를 물어보면 실례가 될 것 같아 고객사에 양해를 구했는데, 고객사 측에서 입사가 힘들 것 같다고 연락해 왔습니다. 나중에 사연을 들어 보니 재직 회사에서 사직서를 반려하고 연봉 재

계약 제안을 했다는 겁니다. 직급도 올려 준다고 했답니다. 그것도 회사 대표가 후보자의 집까지 찾아왔다고 합니다. 한마디로 후보자에게는 이직 동기가 소멸된 것입니다. 이를 이쪽 업계에서는 카운터 오퍼(Counter Offer)라고 합니다. 헤드헌터에게 호환마마보다 무서운 것이 이 카운터 오퍼입니다. 경험상 이 경우에는 헤드헌터가 어쩔 수 없습니다. 괘씸하다고 후보자한테 뭐라 할 수도 없습니다. 후보자의 삶이니까요. 헤드헌터가 할 일은 고객사에게 양해를 구하고 열심히 다른 후보자를 섭외하는 겁니다.

후보자와 고객사 간 연봉 협의가 안 되는 경우는 의외로 많습니다. 그렇다고 후보자에게 연봉을 깎으면서까지 이직하라고 말할 수도, 고객사에게 회사 사정이나 형평성을 고려할 때 연봉을 특별히 많이 달라고 할 수도 없습니다. 헤드헌터가 할 일은 후보자의 경력 동선(Career Path)을 고려하고 비전을 공유하면서 후보자에게 양보를 조금이나마 권하고, 고객사에게는 이런 후보자를 놓치면 채용이 힘들다거나 후회한다는 뉘앙스로 어필하는 정도입니다. 다시 한 번 말씀드리지만, 안 될 인연은 안 됩니다. 다른 일을 해야 합니다. 다 협의해 놓고 출근일에 출근 안 하고 연락을 끊어 버리는(헤드헌팅 용어로 잠수 탄다고 합니다) 경우도 있습니다. 이때도 고객사에게 양해를 구해야 합니다. 그리고 또 다른 후보자를 섭외해야 합니다. 이런 일이 벌어지면 헤드헌터의 혈압은 상승하고, 온갖 내장 기관이 쿵쾅거리면서 머리가 지끈거립니다. 그만큼 이 일은 스트레스가 수반되므로 스트레스 관리를 잘해야 합니다.

수수료 청구 및 보증기간 후보자 관리

출근한 후보자가 전화하는 경우가 있습니다. 헤드헌터 입장에서 깜짝 놀라는 몇 가지 중 하나입니다. 이때는 심장이 쿵쿵 뛰면서 전화를 받습니다. 대부분 힘들거나 맞지 않는다고 말합니다.

헤드헌팅 계약서에는 보증기간이 3개월 혹은 6개월로 명시되어 있습니다. 대체로 실무급은 3개월, 임원급은 6개월로 하는데, 자발적인 퇴사는 서치펌이 보상해 줘야 합니다. 대체가 우선이고, 그것이 여의치 않을 경우에는 1할을 계산하여(근무 기간을 보증기간으로 나누어) 환불해 줘야 합니다. 이런 보증 사고는 1차적으로 후보자에게 귀책사유가 있으나, 제대로 매치하지 못한 헤드헌터의 책임이므로 해줘야 합니다. 복수의 후보자를 합격시킬 경우 다른 합격자의 미결제분으로 상계(相計)하기도 합니다. 수수료 청구 후에 보증 사고가 생기면 압박감 때문에 다른 일이 손에 안 잡히기도 하는데, 대체자를 구하기 힘든 포지션이라면 빨리 환불하고 다른 포지션을 검색하는 것이 낫습니다.

이런 보증 사고를 미연에 방지하기 위한 최선책은 후보자에게 출근 후 안부 전화를 하는 것입니다. 물론 무소식이 희소식입니다만, 경력 관리나 인맥 관리를 위해서도 안부 인사를 하면 후보자들은 매우 고마워합니다. 고객사에 지인이 있어 자세하고 유익한 정보를 얻어 주면 후보자에게 많은 도움이 될 겁니다. 가령 상사는 신뢰하면 처음보다 많이 좋아진다든가, 지금은 야근이 많지만 이 시기가 지나면 많이 좋아질 것이라는 등의 정보가 후보자에게는 위안이 될 수도 있습니다.

진입 장벽이 낮음에도 그만두는 사람이 많은 이유는 이런 스트레스를 이기지 못하기 때문입니다. 헤드헌팅은 확률 싸움입니다. 이런 일이 생기면 또 다른 일을 만들어서 석세스를 해내야 합니다. 그것이 꾸준함이 필요한 이유입니다. 헤드헌팅 수수료는 일반적으로 연봉과 비례합니다. 채용 시장에 고급 인력은 젊은 인력에 비해 없는데다 실력을 갖춘 적임자를 찾기 힘들기 때문입니다. 통상 계약 연봉의 20%가량을 수수료로 받습니다(적어도 15%는 받습니다). 물론 임원급은 별도로 협의하기도 합니다. 회사에 소속된 대다수의 헤드헌터는 소속 회사에 일정 몫을 주고, 나머지 금액을 받습니다. 협업하게 되면, 동료에게도 일정 몫이 분배됩니다. 눈치 빠른 분들은 알겠지만, 제가 월에 1건 정도의 석세스를 하면 일반 직장인 수준 혹은 그 이상의 수입이 생긴다는 것은, 매월 1건만 할 수 있다면 헤드헌팅은 할 만하다는 것입니다. 허나 이런 보증 사고, 합격 후 입사하지 않는 경우가 생기기 때문에, 최소 월 2건 가까이 합격시켜야 그 정도의 수수료 수입이 생깁니다. 월 2건을 합격시키려면 합격률을 20%로 가정한다고 했을 때 서류 합격자를 월 10명은 내야 합니다. 서류 전형 합격률을 25%라고 가정하면 서류 추천을 월 40명은 해야 합니다. 후보자 제안은 그에 서너 배 해야 합니다. 후보자들이 포지션 제안을 거부하는 경우가 훨씬 많으니까요. 이런 확률의 원리를 알고 있다면 헤드헌터에게 남은 것은 통계에 맞게 꾸준한 추천과 고객사 영업을 해나가는 것뿐입니다. 물론 더 성취하고 싶다면 더 열심히 해야 합니다.

S-Tech에 추천한 A와 B 후보자

동일 프로젝트에 기계설계 파트와 배관설계 파트로 각각 추천했습니다. 거의 동시에 두 후보자가 합격했는데, A 후보자와 B 후보자의 입장이 뒤바뀌었습니다. 전 직장에서 B 후보자는 A 후보자의 윗사람이었습니다. 하지만 이번 입사로 B 후보자는 A 후보자의 아랫사람이 되었습니다. 같이 프로젝트를 하던 관계는 모 아니면 도입니다. 좋은 관계일 수도 그 반대일 수도 있기에, 입사를 환영할 수도 있고 그 반대일 수도 있습니다. 프로세스를 진행하다 보면 이런 부분은 굉장히 예민한데, 그러한 상황을 감춘다고 될 일은 아닙니다. 입사 후 후보자가 이런 사실을 알게 되면 후보자와 저의 신뢰는 약해집니다. 또한 후보자가 그 이유를 들어 입사하지 않을지도 모르기에 미리 정보를 제공하는 것이 맞습니다. 큰 그림에서 보면 우리는 다른 이의 인생 방향을 제시하는 일을 합니다. 따라서 후보자가 입사 결정하는 데 있어 중요한 모든 정보를 제공해 주고, 판단은 본인이 하게끔 하는 것이 헤드헌터가 기본으로 실천해야 할 과제입니다.

결국 B 후보자는 이런 불편함으로 입사를 고민해야 했는데, 당시 그에게는 다른 고민 사유도 있었습니다. 후보자의 아이가 치료가 어려운 질병에 걸린 것입니다. 저는 그 부분을 따뜻하게 같이 걱정해 주고, 개인적인 네트워크를 활용해서 병원도 알아봐 줬습니다. 후보자는 여러 고마움을 제게 피력했고, 저는 저의 네트워크가 허락하는 한 도움을 주고 싶었기 때문에 더 많은 정보를 전해 주려 노력했습니다. 시간이 흘러 결국 후보자는 입사하지 않는 상황이 됐습니다. 하지만 B 후보자는 제게 별도로 연락해서 본인보다 더 훌륭하다며 후보자를 소개해 주었고, 그분이 합격의 결실을 맺었습니다.

후보자 케어는 그 후보자의 이직에 대한 요구뿐 아니라 개인적인 부분도 보듬어 줄 수 있을 때 그 깊이가 더해지며, 가능한 후보자의 입사 결정에 변수가 될 수 있는 정보는 최대한 공유하는 것이 신뢰를 쌓는 방법입니다. 뜻하지 않게 좋은 결과를 얻는 것은 의미 있는 커리어코칭과 도움을 주려 노력한 부분에 대한 작은 보상이라고 생각했습니다.

-에이치알맨파워그룹 서동욱 부장

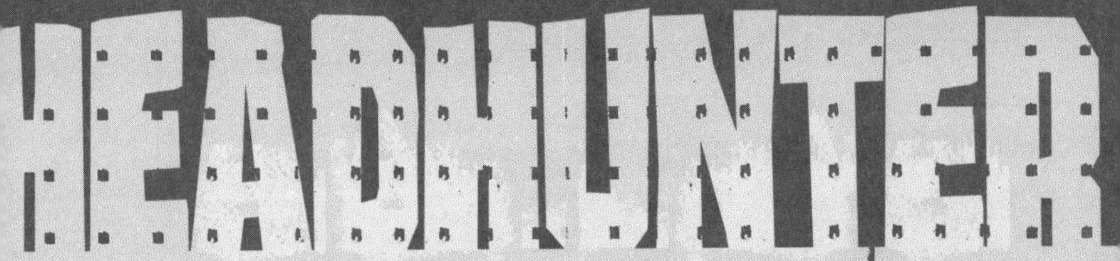

| 실전편 3 |

헤드헌터가 되기로 결정했으면 무엇을 준비해야 할까요?

·

헤드헌터는 특정 분야에 대한 스페셜리스트가 돼야 할까요?

·

다방면으로 통찰할 수 있는 제너럴리스트가 돼야 할까요?

업종 분석 능력

앞으로 유망한 산업은 무엇일까요? 또 어떤 업종으로 노동력이 많이 이동할까요? 미래 학자들이 쓴 관련 서적을 읽으면 도움이 됩니다. 저는 서점에서 제목이 재미있어 《극단적 미래예측》을 골라 읽고 헤드헌팅을 했습니다. 이처럼 서점에 가서 미래 학자들의 책을 읽거나 업체 총람 같은 회사에 대한 내용을 보거나 고용노동부 산하 한국고용정보원의 여러 데이터를 찬찬히 읽어 봐도 도움이 많이 됩니다.

한국고용정보원에서 내놓은 '2010~2020년 중장기 인력수급 전망 자료'에서 산업별 취업자 전망은 향후 유망한 업종을 파악하는 데 도움이 됩니다. 이 자료에 의하면 향후 10년간 고용구조의 서비스화가 더욱 진전될 전망입니다. 특히 보건 및 사회복지 서비스업, 사업지원 서비스업 등의 비중이 크게 높아질 것으로 예상하고 있습니다. 이에 해당되는 업종은 운수업, 출판, 영상, 방송 통신 및 기술 서비스업, 금융 및 보험업, 예술, 스포츠 및 여가 관련 서비스업 등입니다. 반면 농업이나 소매업, 음식점, 의복, 섬유, 건설업 등은 연평균 감소 규모 상위에 있습니다. 물론 산업이 성장한다고 취업도 동반 성장하리라는 보장은 없습니다. 일부 제조업의 경우 업황이 좋아도 시스템의 자동화나 효율화로 필요한 노동력은 감소할 수 있습니다. 인력 수요가 지속적으로 있는 경우라야 동반 성장할 수 있습니다. 서비스업은 향후 전망이 좋으면서, 취업자의 증가도 예상됩니다.

취업 포털의 채용 정보 항목을 보면 업종별 분류가 사이트마다 약간씩 다르지만, 일반적으로 아래와 같이 분류할 수 있습니다. 입문 단계에서는 자신의 직장 및 사회 경력과 유사한 업종에 집중해서 헤드헌팅 하는 것이 좋습니다.

제조업	건설 관련 업
전기/전자/반도체/광학 석유/화학/에너지 기계/설비/자동차/조선/항공 가구/목재/제지 금속/재료/철강/세라믹 식품/생활용품/화장품/소비재 섬유/의류/패션	건설/토목/시공 인테리어/조경 환경/설비 부동산/중개/임대
IT/통신/게임	교육 및 서비스업
포털/인터넷/콘텐츠/전자상거래(쇼핑몰) 솔루션/SI/IT컨설팅 네트워크/통신/모바일/보안 게임/모바일게임/웹게임	학교/학원/교재/학습지 외식업/식음료/뷰티/미용 레저/스포츠/여가/렌털/시설관리/용역 호텔/여행/항공
금융업	의료 관련 업
은행/캐피탈/카드/증권/선물/보험	의료/제약/보건/바이오

미디어 관련 업	유통 및 물류
신문/잡지/방송/언론 엔터테인먼트/광고/홍보/전시 영화/공연/문화/예술 출판/디자인/애니메이션	판매/유통/무역 운송/운수/창고/물류

표 4 채용 시장의 업종별 분류

저는 헤드헌터가 특정 산업의 전문가는 아니어도, 산업·업종별 전반적인 이해는 필수라고 생각합니다. 이해하기 위해서는 관심 산업이나 업종에 시간을 투자하여 공부해야 합니다. 이런 이해는 개인의 발전에 도움 되고, 고객사 영업이나 후보자와의 대화에서 '신뢰'라는 좋은 보답으로 돌아올 가능성도 높습니다. 제 동료들은 어떤 업종에 많은 관심을 가지고 포지션을 진행하는지 알아보겠습니다.

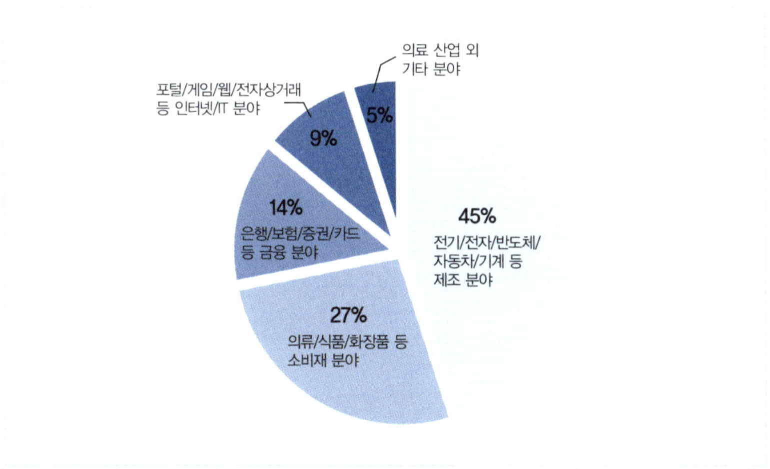

그림 34 헤드헌터들의 관심 업종

해당 업종에 경력이 없더라도, 업종을 검색하고 업종의 흐름, 관련 업체 동향, 역학 관계 등을 파악한다면 고객사 영업은 물론 후보자 섭외에 아주 큰 도움이 됩니다. 위 표에서 몇 가지 업종을 예로 들겠습니다.

의류업의 흐름을 분석해 본다면 우선 천연섬유든, 합성섬유든 원재료 업체가 있을 겁니다. 방직이나 나일론 혹은 폴리우레탄을 생산하는 회사를 찾으면 되고, 그다음 의류 제품 브랜드(여성복, 남성복, 캐주얼, 유아복, 언더웨어)가 있고, 이에 따른 생산업체가 있습니다. 그리고 이 업체들의 제품을 판매하는 유통 업체가 있을 것입니다.

음식료품의 흐름도 비슷합니다. 원재료(밀, 옥수수, 콩, 설탕, 우유, 고기, 생선 등)를 가공해서 생산하는 업체가 있을 겁니다. 제분 회사, 제당 회사, 유가공 회사, 수산 회사, 육가공 회사 등입니다. 그리고 그 원재료를 가공해서 빵이나 라면, 과자, 음료수, 아이스크림, 조미료 등을 만듭니다. 이를 유통 업체를 통해 소비자에게 공급하게 됩니다.

최근에 인력 수요가 많았던 자동차 분야는 차체 공정에 필요한 장비나 부품을 제조하는 회사, 도장 공정에 필요한 재료를 납품하는 회사, 완성된 부품을 제조하는 회사 등이 현대나 기아자동차와 교류합니다. 이 외에도 최근에 부각되고 있는 자동차 인포테인먼트(Car Infotainment) 쪽인 인테리어·전장·AV 장치들은 물론이고, 샤시·조향·제동 장비 등 관련 업체가 아주 많기 때문에 이에 대한 업체 분석은 무조건 해야 합니다. 각 공정의 경험자들이 다른 공정으로 이직할 수는 없기 때문에, 이런 공정 분류는 헤드헌터가 반드시 알아 두어야 합니다. 기타 자세한 사항은 증권사 리포트나 업종별 협회 사이트 등을 검색하면 도움이 됩니다. 저는 앞서 언급한 DART나 주식시장의 HTS(홈트레이딩시스템)를 통해서 많은 정보를 얻습니다.

SERI나 민간경제연구소의 홈페이지에 경기 전망, 경제 전망이 많이 나와서 참고하기도 합니다. 그 외에 인터넷의 각종 자료나 관련 산업 협회 등을 통해서도 유용한 정보를 얻습니다.

헤드헌팅을 위해 업종 분석하는 데 HTS 얘기가 나오니 의아해 하는 분들이 계실 겁니다. HTS는 산업과 업종에 대해 아주 쉽게 파악할 수 있는 방법으로, 여기서는 제가 주로 산업 분석 시에 사용하는 대신증권 HTS인 U-CYBOS Global을 통해 설명하겠습니다. 이 HTS는 계좌를 트지 않아도 검색용으로 볼 수 있기 때문에 이를 통한 산업 분석을 희망하는 분은 한번 시도해 보기 바랍니다.

저는 최근 경기 전망 여부를 주가지수로 판단합니다. 주가지수는 경기의 선행지표이기 때문입니다. 주식시장(현물, 선물, 파생 포함)은 기본적으로 자본주의의 대표적인 산물로, 세계경제를 쥐락펴락하는 큰손들이 모입니다. 따라서 그들이 움직이는 곳의 경기가 살아날 것이고, 산업별 생활 주기(Life Cycle)을 살펴보면 어느 쪽으로 자금이 모이는지, 앞으로 비전 있는 산업은 어디인지 가늠해 볼 수 있습니다. 몇 가지 제가 파악할 수 있는 것은 다음과 같습니다.

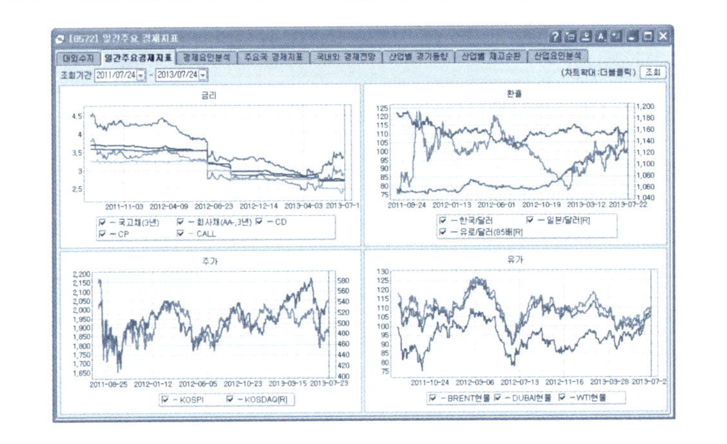

그림 35 일간 주요 경제지표

　일간 주요 경제지표에는 금리, 환율, 주가, 유가 등이 적혀 있습니다. 일 반적으로 경기가 좋아질 것 같으면 주가는 오르고, 원 달러 환율과 금리 는 안정적인 흐름을 보입니다. 유가는 안정적인 흐름 혹은 상승 기조를 유 지합니다. 위 그림에서 회사채 금리가 올라가는 것은 기업의 채권이 잘 팔 리지 않는다는 뜻으로, 회사들의 신뢰도가 시장에서 좋지 않다는 것을 의 미합니다. 하지만 콜(Call) 금리, CD(양도성예금증서) 금리, CP(기업어음) 금리가 안정적이어서 급격한 경기 악화는 없을 것으로 생각됩니다. 금리가 경기 와 투자자들에게 미치는 영향을 간단하게 파악하고 싶다면, 코스톨라니 의 달걀 모형을 이해하는 게 많은 도움이 될 겁니다.

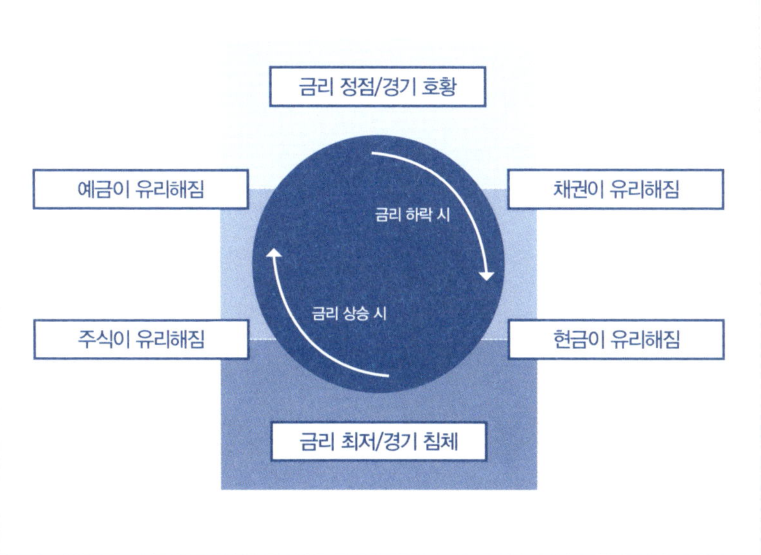

그림 36 코스톨라니의 달걀 모형

코스톨라니의 달걀 모형의 관점에서 보면, 앞선 일간 주요 경제지표는 금리가 최근 수년간 지속적으로 하락해 왔으므로 경기 침체를 예상할 수 있었고, 최근 국내 경기가 좋지 않다는 전망이 나오는 하나의 척도가 됐습니다. 금리가 높을 때는 예금을 하는 것이 좋고 하락하기 시작하면 예금보다는 채권이 좋습니다만, 경기가 너무 좋지 않으면 채권도 휴지 조각이 될 수 있으므로 위험합니다. 원래 코스톨라니 모형의 금리 하락기에는 부동산이 유리하다고 나와 있습니다만, 최근 부동산은 금리의 모델로만 설명하기 어려운 거품이 있습니다. 코스톨라니는 금리가 낮을 때는 안정적인 부동산이 나을 거라고 생각했을 테지만, 현재는 거품 때문에 측정이 잘 안 되어 현금으로 변경했습니다. 대기업들이 현금을 많이 보유하고 있는 것도 경기 침체라고 판단하기 때문입니다. 하지만 경기는 계속 순환하므로 또 다시 좋아집니다.

산업별 경기 동향을 살펴보면, 2010년부터 최근까지 기계, 철강, 운수 창고 등 제조업 쪽은 업종 지수가 지속적으로 하락하고 있고, 그나마 의약 산업, 전기·가스업, 통신 업종 등은 최근 1년 사이에 반등하고 있습니다. 따라서 헤드헌터 입장에서는 경기가 살아나는 산업군을 대상으로 고객사 영업을 할 필요가 있습니다. 경기가 살아나고 업계 동향이 좋아야 사람을 많이 채용할 수 있기 때문이죠. HTS에 접속하여 아래의 그림을, 산업별 매트릭스 차트로 업종을 선택하여 보시면 시각적으로 파악할 수 있습니다.

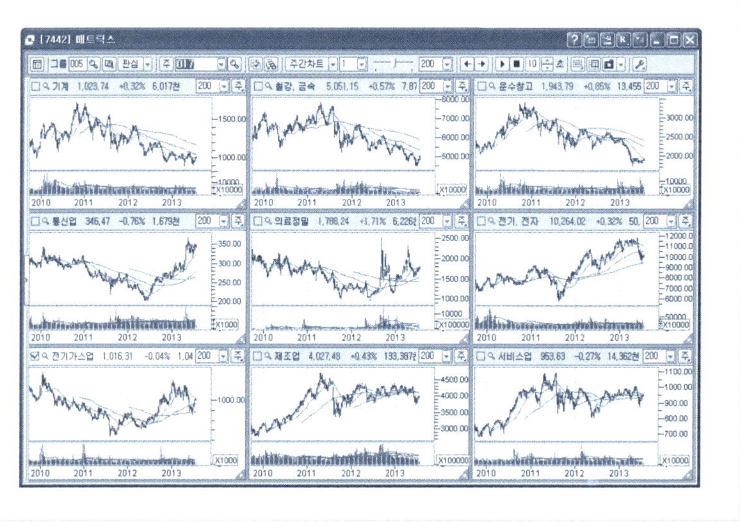

그림 37 업종별 주가지수

그 외에 산업 분석에 필요한 산업별 경기 동향, 주요 국가별 경제지표 등을 파악할 수 있습니다.

이런 산업 분석으로 관심 업체들을 모니터링 해보는 것은 좋은 습관입니다. 신문이나 잡지의 기사나 주요 산업별 협회에서 파악할 수 있는 정보를 고객사 영업의 자료로 이용하면 성공 확률은 높아집니다. 이처럼 경기가 좋거나 꾸준할 것으로 예상되는 업종을 선정하고, 그 업종에 해당되는 업체의 관련 기사를 스크랩하다 보면 고객사 영업 확률이 훨씬 높아집니다.

고객사 영업을 할 때 장기적으로 마케팅 하는 것이 도움이 된다고 했는데, 뉴스 레터 형식으로 관련 기사를 인사담당자에게 동의받고 월 1회 정도 전달한다고 생각해 보십시오. 인사담당자의 신뢰도가 상당히 높아질 것입니다. 그리고 그것은 프로다운 헤드헌터로 진입하는 데 도움을 줄 것입니다.

저의 홈페이지나 프로필에 반도체/IT/모바일 전문 헤드헌터라고 적혀 있습니다만, 전문가는 아니고 채용 진행 경험자일 뿐입니다. 제가 산업공학과를 졸업할 즈음에 동기들이 삼성이나 LG, 현대전자에 많이 취업했는데, 헤드헌팅에 입문한 2008년 가을, 반도체 관련 포지션이 많은 것을 보고 지인들을 통해 반도체의 기본적인 프로세스를 공부했습니다.

제가 어떻게 반도체와 IT 분야를 진행하기 시작했고, 채용 건을 진행하면서 어떻게 포지션과 후보자를 매치(Match)시켰는지를 공유하겠습니다.

반도체 분야

제가 헤드헌팅에 입문하던 때 경력인 SI 영업과 무관한 반도체 부문을 공부한 것은 채용 공고 중에 반도체 관련 포지션이 많았기 때문입니다. 그리고 선배들이 인사, 기획, 마케팅, 영업, 재무 같은 일반적인 포지션은 지원자도 많고 쉽게 접근할 수 있기 때문에 여기에 중점을 두고 진입한 헤드헌터가 많다더군요. 반면 반도체 쪽은 어려워서 그런지 추천하기 힘들고, 인재도 온라인에 많이 없어서 헤드헌터가 많이 진입하지 않는다고 했습니다. 속으로 '그럼 블루오션이겠구만' 하고 생각했습니다. 그래서 공부를 시작했습니다. 무작정 삼성에 있는 친구한테 반도체가 무엇인지 물어본 기억이 납니다.

우선 반도체가 무엇인지 알기 위해서는 전반적인 흐름을 이해할 필요가 있었습니다. 서점에 가서 책을 몇 권 샀습니다. 반도체 공정과 설계에 대한 책이었습니다. 인터넷으로는 여러 사이트를 찾다가 한국반도체산업협회(http://www.ksia.or.kr)를 알게 됐습니다. 처음엔 읽어도 무슨 말인지 답답하고 잘 모르겠더군요. 그때 한 반도체 관련 업체에서 포지션을 수주했고, 후보자한테 핀잔을 듣기도 했습니다. 하지만 웃는 얼굴에 침 못 뱉듯이, 후보자에게도 배우려고 하자 열심히 가르쳐 주고 관련 자료까지 보내 줬습니다. 저는 구입한 책은 물론이고 반도체산업협회 홈페이지의 반도체 이해 항목을 충분히 반복해서 읽었고, 친구들을 찾아가서 물어보기도 했습니다. 수개월이 지나니 어느 정도 이해가 됐고, 이후 채용박람회 같은 곳에 가서 반도체 관련 회사의 제품이나 공정 설명, 동영상 등을 경험했습니다. 반도체 박람회 같은 곳에서 사람들을 만나 포지션 수주를 받은 적도 있습니다.

그림 38 반도체산업협회 홈페이지

반도체 업체를 고객사로 영업하기 위해서는 우선 반도체 안에서도 업종을 명확하게 구분해야 합니다. 반도체는 크게 반도체 소자 업체, 반도체 설계 업체(흔히 팹리스 업체라고 합니다), 반도체 재료 업체, 반도체 장비 업체, 외국계 반도체 업체, 반도체 후공정 업체로 나눌 수 있습니다.

반도체 소자 업체는 설계와 후공정까지 해낼 수 있는 업체로, 반도체 팹(가공 공장, 반도체 웨이퍼를 가공하여 부도체를 도체로 만들 수 있는 공장)을 보유하는 게 일반적입니다. 소자 업체는 자사 브랜드를 가진 반도체를 만듭니다. 삼성전자와 SK하이닉스가 대표적입니다.

반도체 설계 업체는 기능 구현을 할 수 있는 반도체 IP(Intellectual Property)를 직접 개발하거나 부분 인수해서 기능 칩셋을 만들 수 있도록 설계합니다. 기술 집약적인 업체로, 설계 업체는 팹리스 업체(독자적인 설계는 하지만 팹과 후공정은 외주로 넘기는 것이 일반적인 형태), 소자 업체, 설계 업체의 같은 고객사를 가지는 디자인 하우스(Design house)(반도체 설계를 외주로 해주는 경우)가 있습니다. 엠텍비전, 코아로직, 텔레칩스 등이 대표적인데, 스마트폰이 나오면서 팹리스 업체들의 경영이 상당히 어려워졌습니다. 예전 Portable Device 업체에게 납품하던 칩셋 업체가 없어지면서 생긴 현상입니다. 덕분에 퀄컴, 브로드컴, TI 등 외국계 반도체 회사와 삼성전자의 System LSI 사업부의 시장 점유율이 높아지고 있습니다.

반도체 재료 업체와 반도체 장비 업체를 이해하기 위해서는 필수적으로 반도체 공정을 알아야 합니다. 간략하게 반도체 공정을 정리하면 다음과 같습니다.

그림 39 반도체 공정

앞서 말씀드렸지만, 반도체는 부도체를 도체로 만드는 공정입니다. 학교 다닐 때 배운 것을 잠시 상기하면 원자의 기본 구조는 원자핵+전자인데, 가장 바깥에 있는 전자를 최외각 전자라고 합니다. 원자 번호 14번인 Si(규소, 실리콘)는 최외각 전자가 4개인데 금속과 비금속의 특성을 모두 갖추고 있어 반도체의 재료로 널리 쓰입니다.

실리콘 재료는 원래 전기적인 도체가 아니기 때문에 이를 도체로 만들기 위해 팹에서 가공합니다. 즉, 도체화시키는 공정이 전공정이고, 이를 불량 판별해서 상품화하는 것이 후공정(Packaging)이라 생각하면 됩니다. 위 그림의 반도체 공정마다 쓰이는 재료가 있는데 그 재료를 취급하는 것이 반도체 재료 업체가 할 일이고, 그러한 공정별 가공 기계를 만드는 것이 반도체 장비 업체가 할 일입니다.

외국계 반도체 업체도 국내에 많이 들어와 있습니다. 그런데 외국계 반도체 업체는 팹이나 후공정에 있어 외주를 주는 경우가 많습니다. 퀄컴, 인텔, 브로드컴, TI 등 유명 외국계 반도체 업체들은 국내의 전기, 전자, 자동차, 기계 등 산업 각계에 비메모리 반도체를 판매하고 있습니다. 여기서 비메모리 반도체는 메모리 반도체와는 달리 단순한 기억장치 역할이 아닌, 기능을 구현하는 칩셋(Chipset)입니다.

후공정 업체에서는 웨이퍼로 설계 내역이 기억되어, 이를 상품화시키는 작업을 합니다. 앰코코리아, 칩팩코리아, ASE코리아가 유명하며, 국내 기업으로는 STS 반도체, 하나마이크론 등이 있습니다.

이런 업종 분석 및 파악은 고객사 영업은 물론 후보자 검색에도 필수입니다. 가령 취업 포털에서 반도체 관련 후보자를 검색할 경우 재료 업체 출신자들을 장비 업체에 추천하면 합격 가능성이 낮습니다. 또한 같은 공정이라 해도 전공정 경력자를 후공정 개발 쪽으로 추천하면 불합격이며, 이는 나중에 언급할 직무도 적용됩니다. 즉, 공정개발자를 기구설계 쪽으로 추천하면 안 됩니다. 또한 기구설계자를 반도체 설계 업체의 HW 개발자로 추천해서도 안 됩니다. 처음엔 고생을 하겠지만 체계를 잡으면 빠른 시일 내에 극복할 수 있습니다.

또한 경력 관리 차원에서 유의할 사항이 있습니다. 소자 업체에 있던 후보자를 장비 업체나 재료 업체에 추천하는 것은 후보자에게 별로 도움이 안 됩니다. 후보자들이 원하는 경력 동선이 아니기 때문입니다. 고객사의 요청도 중요하지만 후보자의 경력을 세심하게 살피고 제안하는 것이 중요합니다. 단, 후보자의 뜻이 강하다거나 경력에 공백이 있어 이직이 쉽지 않은 경우는 제안해 볼 수 있습니다.

아래 예제를 통해 반도체 관련 업종 포지션의 후보자를 검색해 보겠습니다.

아래 포지션은 채용 제목이 핵심 키워드입니다. Power Discrete 제품 개발자 출신의 마케터를 찾는다는 내용입니다. 앞서 설명드린 반도체 구분 중에 비메모리 제품 중 Power 제품은 꾸준한 수요가 있습니다. Discrete 제품은 ASIC 제품이라기보다는 말 그대로 Power 부분을 제어할 수 있는 비교적 단순한 소자를 뜻합니다. MOSFET, IGBT는 물론 Power 제품으로 범위를 넓혀서 검색할 필요가 있고, 관련 칩셋을 취급하는 외국계 회사도 검색해 보는 것이 좋습니다. 이런 포지션은 취급 업체가 많지 않기 때문에 인재 풀이 그렇게 많지 않습니다. 고객사에서도 쉽게 추천이 안 되리라 예상하기 때문에 꾸준한 인맥 관리를 통해 인재를 섭외해야 합니다.

- 유명 반도체 기업 Power 반도체 마케팅 경력자 포지션

[담당 업무] Power Discrete Marketing – 1명

[자격 요건]

Power Discrete MKT

직급: 과장 (6~12년)

근무지: 서울

[수행 업무]

Power Discrete Product MKT(기술마케팅)

[요구 경력]

– engineer back ground 5년 이상 필수 (R&D or FAE or AE 경험)

– MOSFET or IGBT 포함 외국계 회사에서 근무 경험자 (필수)

– Power Diode(FRD & SBD) 경험자 지원 가능

아래 포지션은 앞서 설명한 반도체 공정을 보면 대략 직무 요건을 정의할 수 있습니다. 이 포지션은 CVD, ALD, 프리 커서(Precursor)가 키워드입니다. 이는 반도체 공정 중에서 화학적 증착 공정에 해당되는 내용입니다. 반도체 재료 업체(반도체 장비 업체 출신 아님)에서 해당 공정 비즈니스를 하는 업체 출신들을 찾아야 합니다. 직무적으로는 공정개발자(평가)를 찾는 일이

기 때문에 CVD 관련 검색어가 나온다고 해서 기구설계자, 장비설계자를 검색하면 안 됩니다.

■ 반도체 박막 재료 공정 평가/분석 경력자

[담당 업무]

- 반도체 CVD 및 ALD 프리 커서(유기금속화합물: SiH4(silane)), TEOS(tetraethoxy silane) 공정 평가

- 프리 커서의 CVD 및 ALD 공정 평가/분석

- 증착된 박막의 조성/물성/전기적 특성 평가/분석

[자격 요건]
박막 증착 전공, 석사 이상

아래 포지션은 일단 업종 분류에서 반도체 장비 경력이 있어야 합니다. 반도체 장비는 한 대당 가격이 수십억 하는 경우도 있고, 일반적으로 좀 큰 편입니다. 따라서 Solid Works 같은 기구설계 툴을 사용해서 일한 적이 있더라도 모바일이나 일반 가전제품 기구설계자 출신은 가능성이 희박하며, 반도체 장비나 LCD 장비 업체 출신자를 찾는 것이 좋습니다.

■ 유망 반도체 장비 업체 기구설계 경력자

[채용 제목]
반도체 장비 기구설계 경력 모집

[담당 업무]
기구설계

[자격 요건]
- 경력 3~10년
- 2년제 대졸 이상
- 반도체 장비 기구설계 경력자
- Auto CAD 2D 필수, 3D 유경험자 우대
- Solid Works, Solid Edge 유경험자 우대
- 반도체 장비 분야 경력자, 자동화설비 유개팀자, LCD 장비 유경험
  자 우대

아래 포지션은 반도체 후공정이라는 말에 모든 답이 있습니다. 앞서 설명한 반도체 공정 중에 반도체를 상품화시키는 패키지 공정 경험자로, 중국어가 가능한 사람을 찾는 포지션입니다. 이런 포지션은 직급이나 연봉 수준, 주재원일 경우 주재 수당은 어느 정도인지(현지 채용 건일 경우 주재 수당

이 없음), 복리 후생은 어느 정도인지 알아내면 후보자 섭외에 도움이 됩니다. 이런 포지션은 사람이 많이 없으니 동종 업계의 중국 법인 근무자 위주로, 오프라인으로 섭외해야 합니다.

■반도체 후공정 업체 중국 **주재원** 채용

[담당 업무] 생산관리 1명, **TEST** 기술 1명

[자격 요건]

대졸 **이상**

반도체 후공정 업체 **출신자**에 한함

중국어 **가능자**(필수)

아래 포지션은 어려운 말이 너무 많습니다. 일반 공대나 공학적인 지식이 없으면 쳐다보기가 싫을 정도인데, 그래서 헤드헌터들이 많이 포기하는 포지션입니다. 성취감을 얻으려면 열심히 공부하고 검색하면 됩니다. 공정 중에 설계 단계는 반도체 엔지니어의 가장 하이테크 부분인데, 이 반도체를 설계하기 위해서는 크게 두 가지 방법이 있습니다. 하나는 아날로그 IC 설계이며, 다른 하나는 디지털 설계입니다. 저도 개발자 출신이 아니기 때문에 정확하게 이해하지는 못하지만, 아날로그 IC 설계는 기초적인 회로(다이오드, 트랜지스터 등)를 잘 숙지하여 집적회로를 시행착오를 거쳐 최

적으로 설계하는 방식입니다. 가령 기본 소자들을 모아서 파워칩 설계를 하고, A/C컨버터, D/C컨버터 등으로 다른 기능 소자를 설계합니다. 하지만 디지털 설계는 Verilog 같은 설계 프로그램으로 프로그래밍 하고 그 결과값을 프린트하여 회로를 설계합니다. 공학적이고 전문적이지는 않아도 이런 기본적인 콘셉트만 가지고 있으면 찾을 수 있습니다.

관련 인맥을 통해서 들은 내용입니다만, 아날로그 IC 설계의 국내 인력은 채 1,000명이 되지 않는다고 합니다. 찾을 수 있는 인재 수요가 국한되어 있습니다. 그러므로 한 명의 후보자도 소중하며, 그 후보자 경력 관리에 최선을 다하면 소개를 받아 다른 후보자도 추천할 수 있습니다. 이런 케이스는 극히 드물다고 하는데 헤드헌팅 업체에서는 많은 편입니다. 이런 경우를 해결해 낼 때 자신감과 성취감은 두 배로 증가합니다.

모바일 분야

제가 전공한 산업공학은 공학이지만 공대의 문과로 불립니다. 주변엔 프로그래밍을 잘하는 친구가 많았는데 저는 그쪽으로 재능도 적성도 그다지여서, 더 잘 맞는다고 판단한 영업이나 마케팅을 선택했습니다. 이 모바일 개발자 부문은 포지션이 많습니다. 그럼에도 상경이나 인문 등 공학 쪽 전공이 아닌 분들은 이 포지션을 거의 포기합니다. 이해하기 어렵기 때문인데요. 저는 그런 이유로 이 포지션을 유심히 봤습니다. 다시 말해서 저만 이해하면 할 일이 많겠구나 하고 판단한 겁니다.

IT나 모바일 쪽 개발을 이해하기 위해서는 항상 네트워크 개념을 알고 있어야 합니다. 네트워크는 서버와 클라이언트, 고객과 주인, 요청자와 응답자가 있을 때 필수 불가결하며, 이는 의사소통을 위한 중요 수단입니다. 이런 서비스를 개발자들은 필요로 하며, 개발자의 직무를 정확하게 규정하여 고객사에 추천해 줘야 확률이 높습니다. 네트워크를 이해하는 데 제게 많은 도움을 준 OSI 7계층 모형(Open System Interconnection 7 Layer Model)을 예시로 설명하고자 합니다. 개발자 포지션을 이해하는 데 아주 중요한 개념이므로 이 분야에 관심이 있다면 꼭 숙지해야 합니다.

여기서는 후보자 검색에 중요한 기준점이 될 수 있는 만큼, 원론적인 해석보다는 개발자와 연관 지어 설명하겠습니다. 양 부장이 김 과장에게 휴

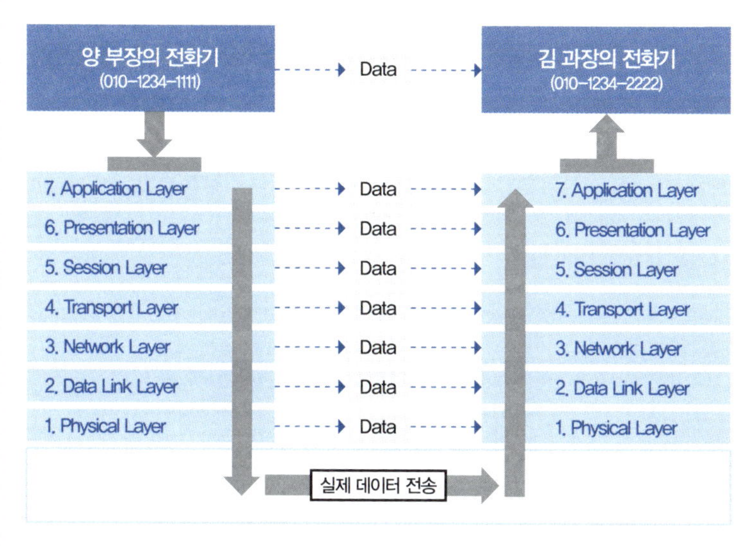

그림 40 OSI 7계층 모델

대폰으로 전화를 걸었다고 가정해 보겠습니다. 양 부장이 김 과장의 전화번호인 010-1234-2222를 누르면, 잠시 후 김 과장은 휴대폰 액정에 양 부장의 전화번호인 010-1234-1111이 뜨는 걸 확인한 후 전화를 받습니다. 이 소통 과정에서 어떤 일이 벌어진 것일까요? 겉으로 보기에는 양 부장의 휴대폰에서 김 과장의 휴대폰으로 전화가 간 것이지만(위 그림의 점선 화살표), 실질적으로는 양 부장 휴대폰의 애플리케이션에서 하드웨어를 거치고 김 과장 휴대폰의 하드웨어로 연결되어 애플리케이션을 통해 수신하는 것입니다(위 그림의 굵은 화살표). 이런 서비스를 위해 스마트폰은 음성이든 데이터든 서비스 전달을 위한 규칙이 꼭 있어야 합니다. 이를 OSI 7계층 모델로 이해하면 좋습니다.

7층: 애플리케이션 계층

양 부장이 휴대폰으로 Dialing 하면 휴대폰이 밑 단계로 전달하도록 프로그래밍이 되어 있는 계층입니다. 이를 UI(User Interface)라고 하는데, 이는 디자이너나 응용개발자(Application Programmer)가 보통 담당합니다.

6층: 프레젠테이션 계층

데이터 형식을 정하는 경우가 많은데, 압축이나 이미지 처리, 텍스트 포맷 등 기능을 구현할 수 있도록 해줍니다. 이와 관계된 포지션도 대부분 응용개발자가 하게 됩니다.

5층: 세션 계층

네트워크 연결을 위한 세션(제어나 운영, 연결의 끊고 맺음)을 담당하는 계층으로 이 역시 응용개발자가 개발합니다.

4층: 전송 계층

데이터의 전송을 책임지는 층으로, 모바일이나 장치 경력자 중 TCP, UDP 같은 프로토콜 제어를 하는 응용프로그래머가 보통 수행합니다.

3층: 네트워크 계층

데이터의 패킷을 규칙에 맞게 효율적으로 전달하는 역할을 합니다. 여기부터는 응용프로그래머와 시스템프로그래머의 영역이 모호해질 수 있습니다.

2층: 데이터 링크 계층

휴대폰이나 통신할 수 있는 장치로 MAC(Media Access Control) Address라는 것이 있습니다. 그 장치만의 독특한 주소인데, 이를 이용해 데이터를 물리적으로 전달하고 에러를 검출하고 흐름을 제어할 수 있습니다. 시스템 프로그래머가 개발합니다.

1층: 물리적 계층

데이터를 전기 신호로 바꾸고, 다른 기종으로 전기 신호를 연결해서 다시 데이터로 바꾸어 주는 역할을 합니다. 시스템프로그래머의 하드웨어 개발 부분입니다.

처음 접하는 분들은 약간 어려우리라 예상합니다. 하지만 컴퓨터의 기본 데이터통신은 0과 1로 대변됩니다. 사용자의 애플리케이션 층에서 상대방의 애플리케이션 층으로 바로 이동할 수는 없습니다. 사용자 눈에 보이는 것은 여러 텍스트나 이미지, 음성 등 디지털이 아닌 경우가 대부분이기 때문입니다. 그래서 디지털 기기의 물리 층(하드웨어)으로 이동했다가 상대방의 물리 층으로 이동해서 상대방의 애플리케이션 층에서 보이게 된다고 이해하면 됩니다. 개발자들이 하드웨어에 가까운 시스템프로그래머인지, 소프트웨어에 가까운 응용프로그래머인지를 판별하는 기본적인 개념은 이 OSI 7계층 모델이 설명해 주기 때문에, 통신과 네트워킹을 위해서 각 계층을 개발하는 사람들을 계층으로 이해하면 후보자를 검색할 때 많은 도움이 됩니다. 가령 휴대폰 UI(User Interface) 개발하는 사람은 다른 모바일 회사의 포지션이라고 해도 HW 개발 포지션에 지원할 수는 없습니다. 왜 그럴까요? UI는 응용 계층이고 HW 개발은 물리적 계층이기 때문입니다. 개발 영역이 확연히 다릅니다.

몇 가지 채용 포지션을 예로, 후보자를 검색하는 방법을 살펴보겠습니다.

아래 포지션은 우선 용어들을 명확하게 해석해야 하는데, Android는 개방형 모바일 OS(Operating System)이고 iOS는 Apple사의 모바일 OS입니다. 자격 요건에 두 OS에 대한 개발 경험자라고 되어 있습니다. 위 OSI 7계층에는 OS가 나와 있지 않지만 담당 업무 중에 '다양한 환경에서의 App 개발'에서 힌트를 얻을 수 있습니다. 이 포지션은 결국 응용개발자를 찾는 포지션입니다. 취업 포털에서 휴대폰 개발자를 찾더라도 이 포지션의 하위 계층에 해당되는 하드웨어 개발자는 찾으면 안 됩니다. 제가 본 포지션을 검색한다면 우선 애플리케이션, 앱, Android, iOS 등을 관련 검색어로 할 것입니다.

위 반도체 업종 분석을 한 것처럼 모바일 산업도 업종 분석을 해야 합니다. 예를 들면, 모바일 산업도 삼성전자 무선사업부, LG전자 MC사업부, 팬택 같은 종합 모바일 업체가 있고, 통신사 계열의 제조사가 있고, 기타 모바일 SW 개발 업체(주로 솔루션을 제조사에 납품하거나 애플리케이션을 통신사 등 서비스 회사에 제공하는 일을 하는)가 있고, 모바일 하드웨어를 납품하는 회사가 있습니다. 따라서 본 포지션은 고객사와 동종 업계 출신자 위주로 검색해야 합격률이 높습니다.

■ 국내 모바일 관련 회사 SW 개발자 채용

[담당 업무]

- 자체 솔루션 개발 및 고도화 작업

- Native 및 Hybrid 형태의 App 리서치

- 다양한 Android 환경에서의 App 개발

[자격 요건]

- iOS 또는 Android App 개발 경험 2년 이상

- Android OS 기반 모바일 개발 지식 및 개발 경험 보유

- Android Interface 가이드라인 이해

아래 포지션은 앞서 살펴본 OSI 7계층보다 하위입니다. 즉, 물리적/데이터 링크/네트워크 계층에 있는 시스템프로그래머를 검색해야 합니다. 특히 본 포지션의 필수 경력인 FPGA, VHDL설계는 반도체 칩이나 장비에서 하드웨어를 디지털로 설계하는 경력자를 찾고 있으므로, 소프트웨어 개발자는 맞지 않습니다. 물론 독특한 요건인 MSPP, MPLS에 대해 우선 검색해 보는 것이 좋습니다. 이 역시 동종 전송장비 회사를 검색하여 분석하는 것은 필수입니다.

■ 국내 중견 전송장비 회사 HW 개발 포지션

[담당 업무]

MPLS-TP(Multi-Protocol Label Switching-Transport Profile) 방식 시스템

(CET-10216L, CET-10216UC, CET-10216H 등) 장비 개발

[자격 요건]

필요 경력: 아래 사항 중 일부 경력자

- L2/L3 packet switch 경력자

- MSPP 시스템 경력자

- 주제어부 설계 및 u-boot coding 능력 소유자

- FPGA VHDL 설계 및 coding 가능자(필수)

- Carrier ethernet 시스템 경력자

- MPLS protocol 유경험자 우대

- 해당 분야 경력: 5년~15년

아래 포지션은 Embedded SW(Software) 개발이 필수입니다. 일단 시스템프로그래머가 아닌 응용프로그래머를 찾아야 합니다. RTOS는 Real Time OS로 컴퓨터에 윈도우나 리눅스 같은 OS가 있을 경우, 일반 기기(냉장고, 라디오, 자동차 등)에 실시간으로 동작을 제어할 수 있는 OS의 BSP(Board Support Package)를 개발해 본 사람을 찾는 포지션입니다.

■ 국내 오디오 솔루션 관련 회사 Embedded SW 개발 포지션

[담당 업무]

- Embedded SW 개발

[자격 요건]

- C/C++ Program 중상급의 2~12년 경력의 SW 개발자

- 개발 시스템에 대한 유경험자

- RTOS 및 WinCE 기반의 BSP 개발 경험이 있는 자로서 다양한 플
  랫폼에서 각종 주변기기 장치 드라이버/애플리케이션 개발 등의
  Embedded Software 개발 경험자

- 기본적인 회로도 인식 능력 및 logic 회로 이해 가능하며, 유관 부
  서(영업/기획/품질관리)와의 원활한 소통이 가능한 자

[우대 사항]

- Car Infotainment(Car Audio/Video/Navigation Software) 개발 유경험자

- Embedded System 기반의 기종 간 연동 및 다중 매체 관련 애플리케이
  션 개발 경험자

- 영어(제2외국어)로 의사소통이 가능한 자

- 개발 이후 해당 제품에 대한 양산 지원 및 기술 지원 경험자

VxWorks나 WinCE 같은 RTOS 기반으로 다른 서비스 애플리케이션을 지원할 수 있는 패키지를 개발해 본 경험자를 원합니다. 이는 본 고객사의 솔루션이 여러 고객사의 제품에 대한 기술 지원 업무를 수반한다는 뜻입니다. 따라서 우대 사항에 적힌 Car Audio/Video/Navigation SW 개발자를 우선 찾고, 그중에 특정 애플리케이션이 아닌 BSP 개발자를 찾아야 합니다.

위 용어들을 저도 전부 알지 못합니다. 따라서 꾸준히 검색해서 공부해야 합니다. 공부하는 시간을 아까워해서는 안 됩니다. 알아야 제대로 후보자를 알고 검색할 수 있습니다. 키워드만으로 검색하고 직무 정의에 대한 부분을 소홀히 하는 분이 많습니다. 헤드헌팅을 자신의 업으로 삼고 장기적으로 생각한다면 이런 직무 분석, 용어 공부, 산업 이해, 직종 이해를 즐겁게 생각해야 합니다. 장기적으로 보면 이런 노력들이 커다란 힘을 발휘하게 할 것입니다.

직종 분석 능력

한국고용정보원 자료에 의하면, 향후 10년간 전문직을 중심으로 취업자 수가 증가할 전망이라고 합니다. 고숙련, 고임금 직종인 전문가 및 관련 종사자는 연평균 2.2% 증가하고, 단순 노무 종사자도 1.1% 증가, 중간 숙련, 중간 직종인 기능원 및 관련 기능 종사자도 완만하게 증가할 것으로 예상했습니다. 한편, 농림 어업 종사자와 소매 및 판매 종사자는 감소할 것으로 전망했습니다. 그래서 우리는 고숙련, 고임금 직종 전문가 및 관련 종사자를 대상으로 하고 있습니다.

업종 분석에 익숙해지면 헤드헌터로서 자세가 보이면서 후보자나 고객사를 대할 때 더 자신감 있고 여유로워집니다. 그들이 무슨 말을 하는지 정확하게 파악할 수 있기 때문입니다. 전화나 메일로 의사소통이 안 된다고 판단하면 고객사나 후보자 입장에서 헤드헌터에 대한 신뢰도가 떨어집니다. 후보자들이 헤드헌터에 대해 좋지 않은 생각을 하고 수많은 헤드헌터가 중간에 그만두는 것도 이와 무관하지 않습니다. 준비 과정 부족으로 막연히 어렵게 생각하고 의사소통에 자신이 없으면 활동 반경이 많이 줄 어듭니다. 그러한 자신감의 결여는 일대일 대면에서도, 유선상으로도, 메 일로도 성의 없는 것으로 각인되어 스스로 점점 고립되는 느낌을 받습니 다. 이런 부작용을 없애기 위해서는 이왕 헤드헌터가 되기로 한 이상, 열심 히 공부하고 노력해야 합니다.

앞서 업종 분석처럼 직종 분석도 자신의 경험으로 접근해 보는 것이 좋 습니다. 해본 직무는 내용을 잘 알고 있으니까 후보자나 고객사에게 잘 얘기할 수 있을 것입니다. 저는 SI(System Integration) 영업 출신이기에 기술영 업이나 IT 개발자 포지션을 진행해서 석세스를 냈습니다. 만약 입문 즈음 에 변호사나 회계사 포지션을 먼저 시작했다면, 포지션에 대한 직무 내용 도 잘 모르고 인재 풀도 많지 않은 상황에서 추천 진행이 쉽지 않았을 겁 니다. 5년이 지난 지금에서야 그간 제 경력과 비슷한 포지션은 물론이고, 변호사나 회계사, 기타 다른 직종도 공부하면서 추천하고 있습니다. 생계 를 유지하면서 다른 영역으로 넓혀 갈 시간을 벌었습니다.

저를 포함해 재직 회사 동료들의 포지션, 그리고 인터넷의 포지션을 살 펴보면 대략 다음처럼 나누어 볼 수 있습니다.

경영/사무직	인터넷/IT
전략기획/사업기획/경영기획 마케팅/광고/홍보/비서/수행원 회계/재무/세무/IR 인사/교육/노무/HRM/HRD 경리/총무/법무	웹마스터/웹디자인 웹프로그래머/응용프로그래머 시스템프로그래머 HW/SW/시스템엔지니어 데이터베이스 DBA/보안

전문직	생산/제조
의사/수의사/약사/간호사 컨설턴트/투자분석가/펀드매니저 변호사/변리사/법무사/회계사/세무사 임원급/CEO/COO/CMO/CTO	생산관리/품질관리 공정개발/기구설계/기계설계 환경안전기사
유통/무역/물류	건설 관련 직종
구매/MD/배송기사/SCM/CRM	시공/감리/공무/전기/소방/설비 환경/플랜트/건축/인테리어/설계
서비스	영업/고객센터
레저/스포츠/외식 호텔/여행/관광 종사자 보안/경호/안전	일반영업/기술영업/영업기획 솔루션영업/광고영업/금융영업 TM/매장관리/수퍼바이저/QA/CS강사

표 5 채용 시장 직종별 분류

이 외에도 많습니다. 제가 본 포지션 위주로 기재했습니다. 위 표에서 IT/인터넷 분야는 직종을 명확하게 구분하여 후보자를 추천해야 합격할 확률이 높습니다. 어느 분야든지 관련 경력이 있는, 즉시 전력감을 회사에서 찾기 때문에 직종 매치도 헤드헌터 입장에서 신중하게 고민해야 합니다. 사실 직종은 후보자들과 경력 상담할 때 더 많이 고민합니다. 이 부분은 커리어컨설턴트가 지속적으로 공부하고 고민해서 후보자에게 도움을 줘야 한다고 생각합니다. 그리고 커리어에 도움이 될 수 있는 좋은 회사의 오픈 포지션이나 기타 정보를 많이 가지고 있어야 합니다. 제가 모든 직종을 공부한 것은 아니기에 다 설명할 수는 없고, 다음의 예제들이 직종 분석에 도움이 됐으면 좋겠습니다.

[Responsibility]

Collections & Planning Manager manages/overseas following responsibilities with two supporting team members in the team

R&C(Receivables & Collections)

• Monitor and control the customer's credits, AR, DSO and contracts etc.

• Analyze delinquent accounts and prepare reports on highest risk accounts including recommendations for resolution.

Planning & Capital

• Analyze current and past trends in key performance indicators including all areas of overhead expenses and capital expenditures

• Support analyzing complex financial information and reports to provide accurate and timely financial recommendations to management for decision making purposes

• Coordinates, completes, and oversees job-related activities and assignments for fixed assets and lease accounting

[Requirement]

• At least 7 years of hands-on Accounting/Finance experience (including managing team members)

• Ability to adapt in fast-paced, deadline-oriented environment. Organized, tactful and high level of interpersonal skill

• Good command of both written & spoken English essential. Expert in MS Office 2007 including Excel, PowerPoint

• Familiar with SAP modules, Business Objects

[Education]

BSEE in Accounting or related field.

AICPA/KICPA is required.

MBA degree is a PLUS

위 포지션은 외국계 회사의 Finance Accountant 포지션으로 직종별 분류 중 회계 부분에 해당합니다. 회계 분야 경력이 없더라도 겁먹지 말고, 집중력을 가지고 공부하여 직무 정의를 먼저 해야 합니다. Financial Accountant는 재무회계로 봐야 합니다. 재무회계는 기업의 경영 활동을 기록하고 분류한 재무제표라는 보고서를 외부에 보고하기 위한 회계인데, 이렇게 작성한 재무제표는 회계의 기본이 됩니다. 이런 포지션을 처음 진행할 때는 회계의 종류나 기본을 알아 두는 것이 좋습니다. 키워드만 보고 매치하는 것이 좋다고 생각할 수 있지만, 확실하게 개념을 잡고 메모해 두는 것이 좋습니다. 이 포지션은 재무회계 경력이 있고 영어가 유창한 사람을 검색해야 합니다. 기본은 AICPA(미국회계사)나 KICPA(한국공인회계사)의 자격증이 있는 것이고 우대 사항은 MBA 학위이니, 가급적 필수 조건과 우대 조건을 충족하는 후보자를 섭외해야 확률이 높습니다. 그중에 Analyze와 Planning이라는, 회계 포지션 중 재무 분석 및 재무 기획 경력이 있는 사람을 찾으면 더 좋습니다.

아래 포지션은 직종별 분류로 보면 유통 구매 포지션으로, 이를 진행하기 위해서는 필히 MD(Merchandiser)에 대해서 공부해야 합니다. 옷이 만들어지려면 기획-생산-판매가 이뤄져야 하는데, 기획에서 디자이너와 MD가 하나의 콘셉트를 잡고 생산량과 스타일 등 필요한 요소를 다 마련하면, MR은 전 세계 공장과 기획팀을 연결하여 가장 낮은 원가에 좋은 품질의 기획물을 만들어 냅니다. 즉, MD가 디자이너와 함께 시즌을 기획하고 수량을 책정하는 것에 집중한다면 MR은 생산이 원활하게 이뤄질 수 있도록 실질적인 생산을 맡습니다.

■ Regional MD

[담당 업무]

- Build gender/category/channel/account level within the global
  guidelines to ensure a consistent look and feel
- Deep understanding of local socio, political and creative
  trends and ability to anticipate consumer behaviors and
  inform local and global brand responses.
- Interpret and incorporate local brief requirements
- Contribute to all aspects of Product Development activities
- Inform and implement brand strategies
- Identify and assist in developing quick response products
- Inform an assortment plan that considers global and local
  requirements
- Thoughtfully manages risk to take advantage on market
  opportunities.
- Monitor and share competitor trends including pricing
  strategies for different markets
- May manage one or more lower level Merchants
- Create a team that is culturally connected, driven to win and
  innovative with a relentless focus on the consumer and the competition

[자격 요건]
대졸 이상
수입 브랜드 Buying MD 경력 10년 내외(차장급)
패션(특히 여성패션) MD 경력 8년 이상
Excellent Buying Skills, Business Analysis skills
좋은 리더십/의사소통 능력
영어 능통자

사실 MR이라는 단어는 글로벌 패션계에서 쓰이지 않습니다. Product Merchandiser(=MD)와 Retail Merchandiser(=MR)를 주로 씁니다. 이 포지션에서 영어는 필수이며, 제품 소싱(Sourcing) 경력이 아닌 기획력을 가진 MD를 찾아야 합니다.

아래 포지션은 직종별 분류로 보면, 투자분석가에 가깝습니다. 벤처캐피털을 이쪽 업계에서는 흔히 VC(Venture Capital)라고 하는데, 이와는 약간 다른 사모펀드 분야인 PE(Private Equity) 쪽도 있습니다. 이런 내용을 분석하다 보면 IMM이나 보고펀드, 모건스탠리 PE 같은 PE Player, STIC Investment이나 한국투자파트너스 같은 VC Player들도 알아낼 수 있습니다.

■ 중견 벤처캐피털 투자심사역

[담당 업무]
벤처투자본부 심사역: 2명

[자격 요건]
- 연령 및 성별: 제한 없음
- 기본 요건(아래 요건 중 1개 항목에 해당)
    가. 벤처캐피탈 투자 경력 5년 이상
    나. 이공 계열 산업계 경력 5년 이상(상품기획, 사업기획, 기술기획 경력자 우대)

위 요건의 이공 계열 산업계 경력은 주로 VC가 기술 분야에 투자를 많이 한다고 해석할 수 있습니다. 그러한 기술과 VC에 투자한 경력이 있는 사람을 찾아야 하는데, 마켓에 그리 많지 않습니다. 또한 이런 고급 인력들은 채용 포털 같은 온라인에는 없다고 봐야 하며, SNS나 오프라인 인맥으로 찾아야 합니다.

직종별 분석 능력도 공통점이 있습니다. 생소한 분야도 집중력을 가지고 꾸준히 개발해 나간다면, 그 분야의 Specialist는 아니더라도 Generalist는 될 수 있습니다. 헤드헌터는 Special한 부분이 많을수록 좋지만, Generalist의 특성만 가지고 있어도 헤드헌터는 중요한 무기를 가지게 됩니다.

실전에 임하는 자세(상식과 에티켓)

헤드헌팅에 처음 입문하면 뭐랄까, 머리가 하얘지는 경험을 합니다. '내가 하는 게 맞는 건가?' '내가 성공할 수 있을까?'라는 막연하고 부정적인 생각이 머릿속에 자리 잡습니다. 이 일은 절대로 한 발만 담그면 성공할 수 없습니다. 두 발 모두 담가야 성공할 수 있습니다. 절대 만만한 일이 아니기 때문입니다. 두 발을 담글 때 절실함을 가져야 합니다. 일을 무조건 열심히 한다고 되는 것은 아닙니다. 이 일은 운이 많이 작용합니다. 어떤 사람은 일도 열심히 안 하는데 석세스를 많이 내고, 어떤 사람은 일은 열심히 하는데 석세스를 1년 넘게 못 내기도 합니다. 그럴 경우 초조해 하지 않고 더 향상된 업무 생산성을 도출하도록 노력하는 인내심과 강단이 있어야 합니다. 무엇보다 이 일을 업으로 삼고 있다면 프로세스를 믿고 투자해야 합니다. 앞서 언급한 업종 분석이나 직종 분석도 이 일을 업으로 삼고 있을 때 더 열심히 보게 됩니다.

그리고 필요한 것이 상식적인 프로세스 진행과 에티켓입니다. 이 부분은 헤드헌터로서 롱런하기 위해서는 필수입니다. 어찌 보면, 업종 분석이나 직종 분석보다 중요합니다. 헤드헌터는 기업(고객사)과 후보자 외에도 헤드헌터 동료와 상대해야 합니다. 헤드헌팅 업무에 있어 기업과 후보자는 필수 요소입니다만, 동료는 어떻습니까? 이 일을 진행하다 보면 동료를 필수로 생각하지 않는 분이 가끔 있습니다. 동료 선후배는 필수입니다. 인간을 사회적 동물이라 하지 않습니까? 혼자 가면 외롭습니다. 선후배와 같이 가야 외롭지 않고 롱런할 수 있습니다.

혼자 하는 분들을 보면 오더를 독점하려는 경향이 강합니다. 자신의 오더는 자신이 다 해결하려고 하고, 동료에게 의뢰하거나 동료와 협의하면 자신의 몫을 앗아 간다고 생각합니다. 경험상 그런 분들은 실적은 어느 정도 내지만, 오래가지 못했습니다. 외로운 겁니다. 자신이 처한 환경을 처음엔 득이라고 생각했겠지만, 나중엔 독이 된 겁니다. 헤드헌팅을 마라톤에 비유하면 초반에 over pace를 해서 나중에 숨이 찬 경우입니다. 포기하게 되죠.

시작하시거나 새롭게 정진하고 싶으면 동료에게 다가가십시오. 선배에게 다가가시고, 후배에게 다가가십시오. 그러다 보면 마음이 움직이고, 정보 교환이 이뤄지고, 신뢰하게 됩니다. 그렇게 차츰 협업도 하게 되고, 실적도 올라갑니다.

상식적인 업무 진행은 말 그대로 상식적이어야 합니다. 헤드헌팅을 하다 보면 비상식적인 행위들을 하는 분이 가끔 있습니다. 동료가 영업 중인 고객사를 동의도 없이 자신의 지인을 통해 받아서 진행하는 경우, 진행 중인 후보자의 이력서를 동의받지 않고 다른 포지션에 진행하는 경우, 후보자의 경력을 위조하는 경우, 협업하면서 동료의 추천을 배제하는 경우, 후보자 적합성 평가 시 이중 잣대로 평가하는 경우 등 많은 행위가 후보자와 동료에게 상처를 줍니다. 그러한 행위는 헤드헌팅을 장기적으로 바라보지 않기 때문에 일어나는데, 제 경험상 헤드헌팅을 그만두는 이유 중 실적이 상당한 비중을 차지하겠지만, 상처 주고 상처받아 그만두는 경우도 적지 않습니다. 상처 준 사람들은 비난이 부끄러워 그만두고, 상처받은 사람들은 속상해서 스스로 무너집니다. 동료의 입장에서 참 안타깝습니다. 헤드헌터로서 성공하기 위해서는 실적이라는 결과보다는 상식이라는 과정의 원칙을 세우고 업무에 임해야 롱런할 수 있습니다.

근태 및 의사소통 능력

제가 재직 중인 에이치알맨파워그룹 김민호 사장님은 컨설턴트를 크게 간섭하지 않습니다. 헤드헌터의 업무를 스스로 해결할 수 있도록 환경을 마련해 줍니다. 실적이 나쁘다고 컨설턴트를 내몰지도 않습니다. 다만 한 가지 말씀하는 건 있습니다. 물론 다 지켜지지는 않습니다만, 바로 근태입니다.

근태가 헤드헌팅의 기본이라고 주장합니다. 맞는 말입니다. 회사에는 여러 스타일의 동료가 있습니다. 근태가 불량해도 실적이 잘 나오는 분, 근태가 우수하면서 실적도 잘 나오는 분. 하지만 대체로 근태와 실적은 비례합니다. 당연한 결과라 생각합니다. 이 일은 성실성이 바탕이 돼야 잘됩니다.

근태가 좋은 사람은 점심 식사를 같이할 동료가 생깁니다. 불규칙적인 생활을 하다 보면 같이 밥 먹을 사람이 없고, 회사에서 적응하기도 쉽지 않습니다. 밥을 같이 먹으면서 때론 가벼운 술자리를 통해 서로 고민을 얘기하고, 친해지다 보면 얻어 가는 정보도 많고, 협업할 기회도 많아집니다. 가령 친해진 동료에게는 자기가 가지고 있는 Assigned Position(채용 프로젝트를 오픈하지 않고 혼자 혹은 일부 동료만 지정해서 진행하는 포지션)도 공유합니다. 이로써 헤드헌팅 생활도 더욱 재미있어집니다. 이 또한 헤드헌터로서 오래 근무할 수 있게 하는 원천이라고 볼 수 있습니다.

외국어 능력

어릴 적부터 줄기차게 괴롭혀 왔던 영어, 졸업하면 그만이 아니었습니다. 사회생활 특히 헤드헌터에게 영어 능력이 아주 중요하다는 것을 느낍니다. 우수 후보자 섭외에 유리하고, 우수 고객사에 외국계가 많기 때문에 영어를 잘할 경우 큰 장점으로 작용합니다.

회사에도 영어를 잘해 외국계 포지션을 잘 수주하는 분이 있습니다. 인맥을 넓히며 지인을 통해 포지션 수주하는 경우를 봤습니다. 이는 포지션 수주뿐만이 아닙니다. 예를 들어 링크드인을 잘하려면 외국어로 자신의 프로필이나 그룹 활동, 인맥 추가, In Mail 등 많은 내용을 영어로 써야 합니다. 영문계약서도 검토해야 합니다. 해석을 잘못해서 손해 보지 않도록 꼼꼼하게 조건을 살펴야 합니다.

저는 1996년에 1년간 호주로 어학연수를 다녀왔습니다만, 15년 이상이 흘러서 효과가 희미해졌습니다. '이렇게 영어가 중요한 줄 알았다면 영어 공부 열심히 할걸' 하고 후회하고 있습니다. 읽기/쓰기는 가능하지만 즉각적인 말하기가 발목을 잡습니다. 집에서 자녀들과 영어로 된 만화영화를 같이 보고, 출퇴근길에 외국 영화나 미국 드라마를 반복해서 시청하니 어느 정도 도움은 되고 있습니다. 최근에 TED 사이트(http://www.ted.com)를 즐겨 보고 있습니다. 한국어 번역도 되고, 영어로 자막도 나오고, 그렇게 유명인들의 연설이나 강연을 듣고 있습니다. 영어는 역시 노출 시간에 따라 결과가 나오는 것 같습니다. 유창한 말하기가 된다면 좀 더 자신 있게 외국계 기업을 영업할 수 있습니다. 영어가 잘되는 헤드헌터가 그리 많지 않기 때문에 외국계 기업에서도 헤드헌터에 대한 희소성을 아는 만큼 거래하기가 편하다고 생각하여 구인 의뢰를 할 가능성이 높습니다.

세 후보자의 사례

자신이 직접 협상하겠다던 후보자 A

경영기획 포지션에 1년 가까이 합격자 배출을 못하고 있던 터에 어렵게 후보자를 검색하여 회사와 근거리에 업무 적합도가 95% 이상인 후보자를 찾아내어 연락했는데, 이 후보자 역시 예리하면서도 신중하게 회사 정보며 업무를 검토한 후 3일 내로 연락 준다고 하고는, 정확히 3일 후 지원하겠다고 연락해 왔습니다. 예상대로 서류와 면접을 통과(1년 이상 적합 후보자를 찾지 못하여 면접도 1차로 모두 OK). 합격을 통보하고 연봉 오퍼를 했더니, 본인이 직접 회사의 인사담당자를 만나서 협상하겠다고 했습니다. 후보자는 인사담당자의 연락처를 받아 그날로 회사로 찾아가 협상을 마무리했습니다. 그런데 결과를 보니 후보자가 회사 인사담당자와 단독 면담 후 처음 제시한 연봉 그대로 결정한 겁니다. 우리 서치펌에서 고객사 출신의 임원이 헤드헌터로 계셔서 200만 원이나 높게 협상 중이었는데……. 경영기획으로 업무 역량이 우수하여 합격은 무난했으나 처우 협상은 매우 아쉬웠던 후보자였습니다.

어디든 들어갈 수 있다던 후보자 B

연락했더니, 본인의 경력이면 우리나라 어느 회사든지 들어갈 수 있다며 자신만만하던 후보자가 기억납니다. 현재도 이미 3군데나 진행하고 있으니 참고하라고 했습니다. 경력이 상당히 훌륭하여 헤드헌터 입장에서도 마음이 조급했고 안 되겠다 싶었는데, 5일 후 후보자가 전화해서 금방 합격해서 골라 갈 줄 알았는데 다 면접에서 안 됐다면서 마음을 비우고 자신을 낮추기로 했다더군요. 당사에서 진행하는 포지션은 서류 전형이 좀 더뎌서 시일이 생각보다 길어졌습니다. 그러자 급기야는 밤 11시에 술에 취한 채 전화까지 했습니다. 다음 날 아무 일 없다는 듯이 전화했더니 목소리가 많이 가라앉고 차분해졌더군요. 결국 당사 포지션에서는 합격하지 못했고, 현재는 타 회사에 다니고 있습니다. 짧은 시간이지만 후보자의 복잡 미묘한 심리 상태를 실시간으로 보면서 공감했습니다.

급하게 T.O를 맞춰야 하는 상황

12월 초 포지션 오픈. 해외 박사급 연구원을 찾는다는 말에 포지션이 오픈되자마자 취업 포털을 샅샅이 뒤져서 일본에 있는 후보자 두 명을 찾아냈습니다. 두 명 모두 무리 없이 지원서를 작성하여 접수, 그러나 대기업에서는 서류 탈락. 너무 빠른 피드백에 후보자들에겐 통보하지 못했는데, 회사 측에서 3일 만에 다시 연락했습니다. 면접을 보겠다고(면접 일은 내일! 전화 온 시간은 오늘 저녁 6시). 급하게 일본에 전화했으나 상황이 어려운 것은 당연, 이에 회사 측은 직접 연락하겠다고 연락처를 달라고 했습니다. 그 후로는 직접 후보자들에게 연락하여 토요일에 들어와서 면접 보자 하고, 면접 보고 다시 일본에 돌아갔다가 며칠 후 다시 한국 들어와 임원 면접을 보고, 다시 일본 들어갔다가 12월 안에 입사해야 한다고 해서 12월 셋째 주 월요일에 입사를 결정했다고 후보자가 말했습니다.

전 오히려 후보자를 통해서 면접과 입사 결정 소식을 듣게 된 것입니다. 후보자는 회사를 입사일에 처음 가보았다고 합니다(면접은 무지무지 급해서 한국 도착하여 커피숍에서 이뤄졌답니다). 학사·석사·박사를 따면서 10년 가까이 생활한 일본을 임원 면접 후 3일 만에 정리하고 한국으로 귀국하여 입사한, 순수하고 똑똑한 후보자였습니다. 급한 T.O 덕분에 전 생각보다 쉽게 합격자를 배출했습니다. 고액 연봉을 받으며 아주 근무를 잘하고 있다고 감사 전화가 종종 옵니다.

–에이치알맨파워그룹 장재성 실장

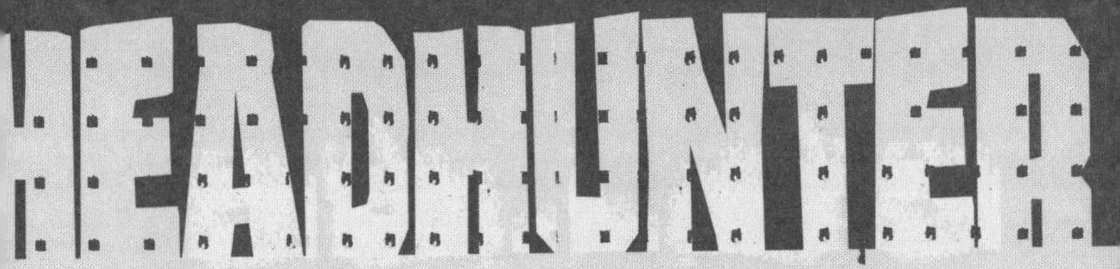

| 실전편 4 |

어릴 때 공부의 필요성을 절실하게 깨달았다면
지금의 나보다 나았을 텐데 하고 생각해 본 적이 있나요?

.

사회생활도 마찬가지입니다.

.

직장 생활을 할 때 경력 관리의 필요성을 늘 생각하고 있나요?

.

난 젊으니까, 난 잘나가니까 하며 세월을 의미 없이 보내지는 않았는지요?

.

신뢰할 만한 헤드헌터는 후보자의 경력을 케어해 줘야 합니다.

.

이 장은 구직자의 입장에서 기술하지만, 미래의 헤드헌터가 될 분들이
유의해야 할 점을 살펴봅니다.

이런 헤드헌터와 이직을 준비하자

저는 대한민국의 보통 사람으로 평범한 학교를 졸업했고, 대기업 출신도 아니고, 이직도 많았고, 공백도 많았습니다. 책을 쓰시는 다른 훌륭한 분들께는 부끄러울 정도로 평범한 사람입니다. 솔직히 책을 내리라고는 생각도 못했습니다. 너무 평범한 까닭입니다.

대부분의 우리나라 직장인들, 자영업자들은 평범하고 사회생활 하면서 여러 우여곡절을 겪습니다. 그러면서 이직과 구직을 하는데, 온·오프라인에 올라오는 채용 공고들은 경쟁이 워낙 치열하고 이력서 제출 이후의 프로세스를 알 수가 없습니다. 그리고 '제출된 이력서는 반환되지 않습니다'라는 흔히 접할 수 있는 문구를 보게 되죠. 제가 4년간의 사업을 접고 공백기를 가졌던 2008년 늦은 봄, 후보자의 입장에서 만난 헤드헌터 두 분이 기억납니다.

첫 번째는 메일을 지워서 지금은 기억 안 나는 모 헤드헌터와 벤처기업

의 기술영업 포지션을 진행한 기억입니다. 당시 집은 상계동이고 근무지
는 성남시 상대원동이었습니다. 약 2시간 걸리는 거리, 게다가 딸아이가 어
려 육아의 일부분을 담당해야 했습니다. 저는 고민하다 지원하고 면접을
보러 갔습니다. 투자상담사 공부도 하고 있었던 탓에 면접장까지 가는 순
간까지 고민을 많이 했습니다만, 헤드헌터는 이 회사가 괜찮다고 말했습니
다. 그러나 저는 면접장에 도착하고 적지 않은 충격을 받았습니다. 헤드헌
터 두 분이 오셨는데(사실 면접장에 동행하는 헤드헌터는 좋은 분입니다만) 두 분은
후보자인 제게는 신경을 별로 쓰지 않고 매점에서 음식을 먹으면서 잡담
만 하고 있었습니다. 대기하며 갈등하던 순간에도 그 모습이 신경 쓰였고,
결국 면접에서 떨어졌습니다. 물론 제 실력이 안 돼서 떨어졌습니다만, 지
금 생각해 보면 세부 사항을 듣지도 못했을 뿐더러 기분이 좋지 않은 상태
에서 면접에 임했고, 갈등하던 모습도 면접관에게는 보였을 것이기에 어쩌
면 탈락이 당연했습니다.

두 번째 기억은 반대로 좋은 경험이었습니다. 조그만 서치펌이었으나 제
게 정성을 다해 준 헤드헌터가 있었습니다. 중소기업은 붙었지만 이름 있
는 회사는 공백 등 여러 사유로 탈락하던 저는 그 헤드헌터의 카운셀링
에 심리적으로 많은 힘을 받았습니다. 그분께서는 저의 변덕을 다 받아 줬
습니다. 그리고 또 다른 포지션이 오픈되면 연락 주겠다고, 필요한 정보가
있으면 언제든지 얘기하라고 했습니다. 결과적으로 제가 그분을 통해 직
장을 구한 것은 아닙니다만, 이런 경험 때문에 헤드헌팅에 깊은 관심을 가
졌습니다. 나쁜 기억과 좋은 기억을 겪으며 좋은 헤드헌터가 돼야겠다고
다짐했습니다.

대부분의 헤드헌터는 구직자에게 도움이 됩니다. 그런데 업무를 하다

보면 후보자들이 종종 헤드헌터에게 비아냥거리거나 불평합니다. 그 후보
자들의 의견을 모아 보면,

- 헤드헌터에게 이력서를 냈는데, 한 달이 되어도 연락이 없다.
- 자신의 경력을 모르고, 엉뚱한 오픈 포지션을 제안한다.
- 직급이나 연봉 협상에 도와준다고 했는데, 회사 입장만을 대변한다.

그 외도 있습니다만 이 셋의 빈도가 가장 많습니다. 저도 모두 겪어 봤
습니다. 고치려 해도 쉽지 않습니다. 그래서 저는 서류·면접 전형의 결과
가 길어질 경우 최대한 후보자에게 자세히 있는 그대로를 설명하고, 중간
에 업데이트하고 있습니다.

경력 적합도에 대해서는 헤드헌터도 해당 분야의 전문가가 아니기에, 후
보자의 이해를 구해야 합니다. 하지만 그러한 제안이 반복된다면 헤드헌
터가 노력하지 않는 것이기 때문에 구직자는 피해야 합니다. 헤드헌터는
협상 과정에서 구직자의 입장과 회사의 입장을 잘 조율할 수 있는 능력도
필요합니다. 상황 판단을 잘해서 후보자를 구하기 어려운 포지션이면 회
사를 잘 설득하고, 후보자에게 정말 좋은 경력 개발의 기회라면 후보자를
잘 설득해야 합니다. 중간에서 협상을 주도하면 구직자와 회사 양쪽에게
신뢰를 받을 수 있습니다.

헤드헌터의 스펙이 모든 것을 대신할 수는 없습니다만, 전문성과 인맥,
협상력 등 일부는 기대할 수 있습니다. 거기에 신뢰까지 있다면 그 헤드헌
터와는 반드시 인맥을 맺어야 합니다. 다른 회사에도 많겠지만 제가 재직
중인 회사에 이런 분이 많습니다. 신뢰할 만한 헤드헌터는 일반적으로 다

음과 같은 특징을 가집니다.

- 채용 포지션에 대한 직무나 채용 배경 등을 명확하게 파악하고 제시한다.
- 프로세스 진행 상황(합격/탈락/보류/사유 등)을 적시에 업데이트해 준다.
- 채용 절차상에 필요한 부가적인 정보들을 제공한다.
- 구직자의 경력이나 현재에 처한 상황을 회사에 정확하게 전달한다.

하지만 구직자가 이직을 잘하려면 위에 열거한 사항들보다 헤드헌터와 신뢰를 쌓는 것이 더 중요합니다. 명확한 오픈 포지션 정보 공유, 서류·면접 프로세스에서의 정보 공유, 처우 협상 단계에서의 정보 공유 등 구직자와 헤드헌터는 한 팀이라고 생각하면 좋습니다. 그럴수록 헤드헌터들도 인간이기에 보다 자세한 정보나 팁을 제공하고, 채용 관련 여러 협상에서도 후보자의 이익을 대변합니다. 서치펌에서는 최근 내부 그룹웨어를 통해 후보자에 대한 평판을 공유합니다. 평판이 좋은 후보자는 헤드헌터들이 연락하기 편하고 선호합니다. 반대로 아무리 후보자의 경력이 좋아도 헤드헌터의 평판이 좋지 않으면 연락하기 부담스럽습니다.

구직이나 이직을 희망하는 경우 지인을 통하는 것도 좋지만 이렇게 친절한 헤드헌터와 인맥을 맺으면 혼자 준비할 때보다 정보가 조금 더 많아 괜찮은 이직 기회가 생길 가능성이 높습니다. 따라서 신뢰할 만한 헤드헌터 2, 3명과는 인맥을 맺는 것이 자신의 경력 관리에 있어서 좋습니다.

이럴 때는 이직을 생각해 보자

한국고용정보원 자료에 따르면 100인 기업 채용담당자 1,000명을 대상으로 조사한 결과 2011년 상반기 기준 경력 사원은 39.8%, 신입 사원은 60.2%를 채용한다고 합니다. 경력 사원이 지속적으로 증가하는 추세입니다. 근로자는 평생직장이라는 인식이 약화되어 더 나은 조건을 찾으려 하고, 회사는 신입 사원에 비해 경쟁력 있고 경우에 따라 경쟁사를 추월하거나 따돌릴 수 있는 역량을 가진 경력 사원을 원하기 때문이라고 생각합니다.

여기서는 이직을 희망하는 경력자와 취업을 희망하는 신입을 위해 헤드헌터의 입장에서 기술해 보겠습니다. 평생직장의 개념이 사라진 지 오래입니다만, 저는 뚜렷한 명분 없이 연봉만을 올리기 위해 이직하는 것에 기본적으로 동의하지 않습니다. 적성이나 능력치를 정확하게 진단해 보지 않고, '누구보다 덜 받는지, 누구보다 더 힘든지'라는 단순한 비교로 이직을 생각하기 때문입니다. 그렇게 이직하면 연봉은 올라가고 때에 따라 직급도 올라가겠지만, 장기적인 안목은 아닙니다. 연봉과 직급이 오르는 만큼 실적과 관리의 압박을 받고, 그에 따라 갈등이 생기는 경우가 많습니다. 그제야 다시 이직 시장에 이력서를 내놓는다 해도, 오른 자신의 연봉과 직급(직책) 때문에 이직이 어렵습니다. 후보자는 자존심이 있으니 연봉을 낮춰 이직하기는 싫고, 회사는 이런 후보자를 채용하기가 부담스럽고. 그리고 보통 회사는 조직 구성상 젊고 유능한 인재를 선호합니다.

여러분이 인사담당자라면 다음의 두 경영기획 후보자 중 누구를 채용하겠습니까? 단, 학력과 직무 능력, 인성은 비슷하다고 가정합니다.

■ 중견 기업 경영기획 대리~과장급

[담당 업무]
매출/손익 관리
예산 편성 및 집행 관리
원가 및 효율 관리

[자격 요건]
4년제 대졸 이상/경영기획 부문 경력 8년 이상

후보자 A, 35세, 경력 8년, 이직 없음, 중견 기업 출신, 현재 과장급 연봉 4600만 원.

후보자 B, 37세, 경력 9년, 이직 3회, 대기업 출신, 현재 팀장급 연봉 6000만 원.

이직 시장에서 비슷한 조건이면 더 젊고, 이직이 적고, 연봉이 낮은 사람을 선호합니다. 따라서 위 직무에는 후보자 A가 합격할 확률이 높습니다.

그렇다면 후보자들은 왜 이직을 생각할까요? 제가 가입한 네이버 카페의 직장인들에게 물어보았습니다. (복수 응답 불가.)

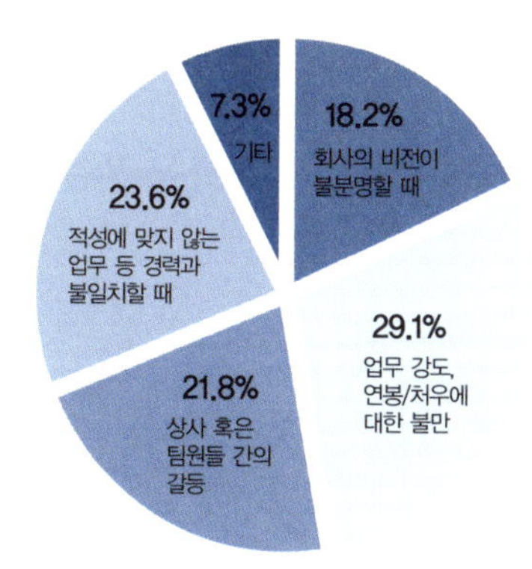

그림 41 이직을 생각하는 주된 사유

사유는 비슷하지만 큰 부분을 차지하는 것은 처우와 근로조건, 그리고 적성입니다. 이는 개인의 직무 만족도와 연관되어, 아무리 돈을 벌기 위한 곳이 직장이라도 만족감을 느끼고 즐거워야 한다는 것을 알려 줍니다. 또한 이직은 현재의 동료나 자신의 위치를 고려하게 하는데, 인정받거나 익숙한 경우에는 주저하곤 합니다. 이직할 때 고려 사항 중 하나인 이직 후 적응 문제도 빼놓을 수 없습니다. 옮길 회사의 문화나 동료들을 사전에 알아볼 수 없기 때문에 이 부분도 일정 부분 리스크로 간주됩니다.

취업 포털 '사람인'에서 직장인을 대상으로 이직 후 텃세가 있었냐는 질문을 한 적이 있습니다. 10명 중 8명 가까이가 "이직 후 텃세에 시달린 경험이 있다"고 답했습니다. 물론 대부분 이런 경험이 있겠으나, 그 텃세에 시달린 경험자 중 47%가 견디지 못하고 수개월 혹은 1, 2년 안에 이직했다고 말했습니다. 기본적으로 이직에 대한 막연한 두려움이 있는 겁니다.

하지만 이직은 제2의 인생입니다. 적성과 능력을 더 잘 발휘할 직장이라고 느껴 이직을 원한다면 두려워 말고 이직할 곳을 알아보는 것이 좋습니다. 중소기업은 경영이 악화되어 임금 체불이 종종 있습니다. 대부분의 기업은 경영이 악화되면 인센티브는커녕 연봉이 동결되거나 심지어는 삭감되기도 합니다. 그렇게 팀이 해체되거나, 그 정도는 아니어도 회사의 비전이 불분명해지는 일이 일어납니다. 이런 상황에 놓였다면 이직을 생각해 보는 것에 저는 완전히 찬성합니다.

그 외 사유인 연봉 문제와 적성, 팀원과의 갈등, 자기 계발 등은 회사 사정에 따라 변동될 수도 있는 만큼 이직을 다시 생각해 보는 것이 좋습니다. 적성에 맞지 않으면 부서 이동을 신청할 수도 있고, 팀원 간의 갈등은 자신이 노력하거나 친한 동료를 통해 해결해 나갈 수도 있고(자신에게 책임이 있다면 어느 조직을 가든 마찬가지이기 때문입니다), 자기 계발은 스스로 노력하면 됩니다. 연봉은 자신이 속한 조직과 동종 업계에 지인이나 헤드헌터 또는 커리어컨설턴트에게 물어보는 것도 하나의 방법입니다. 기업 수준과 업종·직종에 따라 연봉이 많이 달라지기 때문에 기준이 다르면 단순한 연봉 비교만으로는 이직에 대한 충분한 명분이 되지 않습니다. 중견 기업 재무회계 담당자가 경영컨설팅 회사에 재직하는 친구와 연봉을 비교하는 일은 없어야 합니다.

일반적으로 컨설팅 회사의 연봉은 상당히 높은 편이라, MBA 출신 등 높은 스펙을 가진 후보자가 많이 입사합니다. 이 컨설턴트들은 개인별로 협의하는 완전 연봉제라서 연봉도 많이 받지만, 그만큼 프로젝트가 많아서 근무 강도 또한 센 편입니다. 반면, 일반 중견 기업은 직급별 연봉 테이블이 있고, 조직 안의 형평성 차원에서 연봉을 높게 주지 못합니다. 충분히 알아보았는데 동종 업계보다 형편없이 낮다면, 회사에 연봉 협의를 요청하거나 그게 받아들여지지 않을 경우 이직을 생각해 볼 수 있습니다.

성공적인 이직을 위한 조언

성공적인 이직을 위해서는 3가지를 반드시 단계별로 알아보시기를 권합니다.

1단계 - 경력 설정

2단계 - 정보 수집

3단계 - 이직 프로세스 진행

이직(구직 포함)하려면 우선 경력을 설정해야 합니다. 경력 목표(Career Aspiration)와 경력 동선(Career Path)이 확실한 사람과 아닌 사람은 큰 차이가 있습니다. 지금 내가 하는 일이 적성에 맞는지, 처우는 잘 받고 있는지, 근무조건은 괜찮은지 등을 알아보고, 내 경력에 맞게 한 단계씩 발전시켜야 합니다. 경력을 설정했는데 현재 직장에 만족한다면 이직을 안 하는 게 좋습니다. 이직을 해야 할 때, 즉 이직에 대한 명분이 생기면 준비 단계를 거쳐야 합니다. 업계 동향, 회사 개요, 비전, 처우 수준, 조직 문화 등을 알아보면 좋은데 이런 세세한 항목을 온라인 지원으로 알아보는 것은 한계가 있으니, 신뢰할 만한 헤드헌터에게 자신의 프로필을 주고 상담을 받아 보는 것이 좋습니다. 물론 헤드헌터가 모든 경력자에게 채용 정보를 제공해 줄 수는 없으나 의사소통을 하다 좋은 포지션이 나기도 합니다. 제가 재직 중인 에이치알맨파워그룹 홈페이지에는 수시로 이직을 희망하는 이력서가 등록되고 있습니다. 제 메일로도 이력서가 들어옵니다. 상담의 내용이 깊어질수록 헤드헌터에게 후보자의 경력은 각인되어, 좋은 포지션이 오픈됐을 때 해당 후보자를 끄집어 낼 수 있습니다. 서류와 면접 등 이후 채용 프로세스에 필요한 정보는 헤드헌터나 커리어컨설턴트와 공유하면 반드시 좋은 기회가 찾아옵니다.

경력 설정부터 단계별로 자세하게 알아보겠습니다.

경력에 대한 목표 설정

헤드헌팅을 하면서 가장 기대하는 몇 가지 중 하나가 후보자와의 사전 인터뷰입니다. 어떤 가치관을 가지고 있나, 경력의 지향점은 어디인가, 후보자와 해당 직무와 얼마나 맞을까, 회사에서 좋아할 만한 타입인가, 이력서에 없는 특이한 버릇이 있나 등 주로 헤드헌터 입장에서 후보자를 바라보는데, 이는 해당 기업도 마찬가지입니다. 저는 후보자와 사전 인터뷰를 할 때 먼저 어떤 가치관을 가졌는지와 경력의 최종 목표를 물어봅니다. 이직을 원하는 사유와 경력의 목표가 무엇인가 말입니다. 신입 포지션을 진행할 때도 같은 질문을 합니다. 사전 인터뷰를 해보면, 대부분의 후보자들은 막연합니다. 머릿속으로 생각은 하고 있지만, 구체적으로 서지 않는 겁니다. 경력자는 보통 조직이나 실적, 회사 환경으로 회사생활은 날이 갈수록 경쟁으로 가득하고, 그렇게 생기는 스트레스에 이직을 생각합니다. 신입 지원자는 좁아지는 취업 문턱에서 고민하지만 좀처럼 돌파구가 보이지 않아서 경력 설정을 아예 해본 적이 없거나, 내가 과연 할 수 있을까 생각하며 겁을 먹는 경우도 있었습니다.

유명 K공대 출신인 후보자의 이력서가 기억납니다. 공과대학을 나왔지만 음악과 문화에 많은 관심을 가졌습니다. 그 외에 가전제품, 다양한 기술 등 여러 취미가 있었습니다. 하지만 그는 지금 관심 분야와 다른 일을 하고 있습니다. 한때는 전자, 연구 개발, 마케팅, 상품 기획 등 여러 업무에 기웃거리기도 했습니다. 그 과정 때문인지 지금 업무 때문인지, 그는 너무도 재미없는 삶을 살고 있습니다. 한국 기업이 잡은 물고기에게는 좋은 대접을 해주지 않는다는 현실을 깨달았을 즈음에는 이미 몸이 무거워져 있었습니다. 다양한 관심사는 취미로 묻어 둘 수밖에 없었습니다. 이런 지식들을 쓸 만한 업무가 있을 것도 같은데, 안 보였습니다. 공감하는 바가 큽니다만, 안타깝습니다.

이런 훌륭한 인재를 미리 알아볼 수 있는 시스템이 있다면 얼마나 좋겠습니까마는, 불행하게도 현실은 몇 번의 시행착오를 거쳐야 적성과 경력 목표를 알 수 있습니다. 그래서 비록 늦더라도 적성을 진지하게 고민하고 경력을 쌓아야 할 것 같다는 생각이 듭니다. 적성이 무엇인지 빨리 파악하는 것이 정말 중요합니다.

직업이라는 말은, 단어에서 힌트를 얻어 보면 생계를 위해서 하는 일로 적성과 능력에 맞게 일정 기간 하는 것입니다. 적성과 능력을 정확하게 진단해야 합니다. 적성에 안 맞으면 일을 오래하기 힘들고, 능력보다 과하다고 생각되면 업무에 대한 스트레스를 받고, 능력보다 덜하다고 생각되면 안 이해지거나 업무 성취도가 낮아 스트레스를 받습니다. 이렇게 자신을 잘못 진단하면 맡은 바 업무를 충실하게 이행하지 못하고, 즉흥적으로 이직했다가 후회하고 또 퇴사하고 이직하고, 이런 악순환을 되풀이하게 됩니다.

대부분 전공에 맞는 직업을 골라 사회생활을 시작하는 와중에 조금 늦게 출발하더라도 적성과 능력을 진단해서 하고 싶은 일이 생겼다면, 허나 능력이 조금 모자란다면, 절실함을 가지고 열심히 능력을 키워야 합니다.

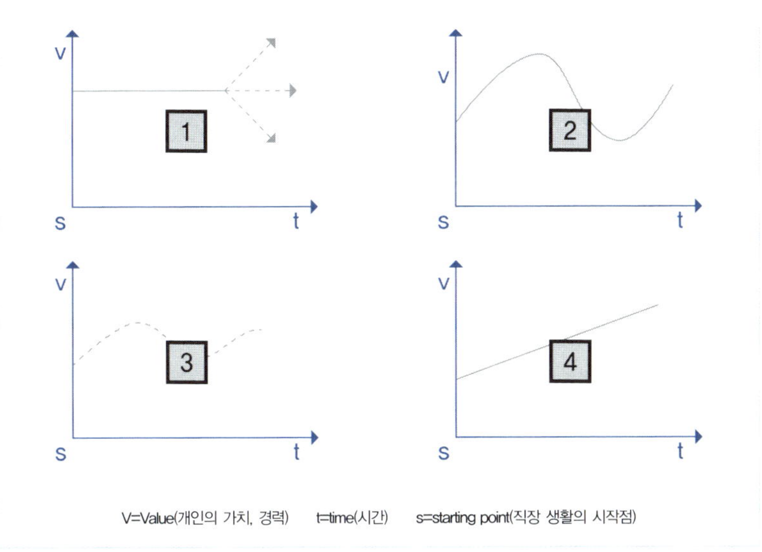

그림 42 경력의 종류

하루에 수십 통씩 이력서를 검토하다 보니 경력을 위의 네 종류로 분류하게 되었습니다. 가로축은 시간, 세로축은 개인의 경력 가치, 그리고 원점은 학교를 졸업하고 사회생활을 시작하는 시점이라고 설정했습니다.

첫 번째 그림은 학력이 아주 뛰어나서 기업에서도 인정해 주는, 주로 엘리트 코스입니다. 제게도 이런 경력을 가진 후보자가 많이 있습니다. 서울대를 비롯한 일류 대학, 해외 유명 대학, MBA 출신 등 우수 인재들이 사회생활을 시작하는 경우로, 주로 대기업의 기획조정실이나 핵심부서, 중앙연구소, 경영전략컨설팅 회사, 투자 기관, 공기업 등에서 시작합니다. 저는 헤드헌팅 일을 하면서 이들을 만났습니다. 이런 엘리트들의 삶과 비전을 미리 보았다면 학창 시절에 공부를 열심히 했을 것 같습니다.

여기서 참고로 대학교 및 글로벌 MBA 순위를 알아보겠습니다.

순위	대학교	총점(350점 만점)	순위	대학교	총점(350점 만점)
1	KAIST	293	11	인하대	210
2	포항공대	275	12	이화여대	207
3	서울대	252	13	아주대	198
4	연세대	251	14	동국대	196
5	고려대	245	14	서울시립대	196
5	성균관대	245	16	한국외대	192
7	경희대	239	17	건국대	188
8	한양대	235	18	숙명여대	178
9	서강대	231	19	경북대	177
10	중앙대	228	20	전남대	176

표 6 《중앙일보》 교육개발연구소에서 뽑은 취업률 기준 상위 4년제 국내 대학교(2012)

순위	대학교	국가
1	Harvard University	USA
2	Stanford University	USA
3	University of Oxford	UK
4	MIT	USA
5	University of Cambridge	UK
5	Columbia University	USA
7	University of California Berkeley	USA
8	Princeton University	USA
9	University of Chicago	USA
10	Yale University	USA
11	California Institute of Technology	USA
12	University of Pennsylvania	USA
13	Cornell University	USA
14	University of Tokyo	JAPAN
15	Kyoto University	JAPAN
16	University of California Los Angeles	USA
17	Johns Hopkins University	USA
18	Swiss Federal Institute of Technology Zurich	Switzerland
19	New York University	USA
20	University of California San Diego	USA
40	Seoul National University	South Korea

표 7 세계 대학교 순위(CWUR, 2013년)

CWUR(Center for World University Rankings)의 2013년도 세계 대학 랭킹에 따르면 하버드와 스탠포드, MIT, 시카고, 예일, 옥스포드, 캠브리지와 같은 세계 명문 대학들이 상위권을 형성하고 있습니다. 아시아권으로는 일본의 동경대학교가 유일하게 순위표 상단(14위)에 있습니다. 상위권의 대부분은 미국과 영국 대학입니다.

우리나라 대학교는 서울대학교가 40위에 있습니다. 전년도 75위에서 많이 상승한 것으로, 100위권 내에 유일한 한국 대학입니다. 《Financial Times》에서 조사한 MBA 랭킹도 잠시 살펴보겠습니다.

순위	MBA	국가
1	Harvard Business School	USA
2	Stanford Graduate School of Business	USA
3	University of Pennsylvania : Wharton	USA
4	London Business School	UK
5	Columbia Business School	USA
5	Insead	France/Singapore
7	Iese Business School	Spain
8	Hong Kong UST Business School	China
9	MIT: Sloan	USA
10	University of Chicago: Booth	USA
11	IE Business School	Spain
12	University of California at Berkeley: Haas	USA
13	Northwestern University: Kellogg	USA
14	Yale School of Management	USA
15	Ceibs	China
16	Dartmouth College: Tuck	USA
17	University of Cambridge: Judge	UK

18	Duke University: Fuqua	USA
19	IMD	Switzerland
19	New York University : Stern	USA

다시 '그림 42'를 살펴보겠습니다. 경력도 시간이 지나면서 세 가지 경로로 바뀝니다. 각각의 위치에서 대기업·중견 기업 임원으로 이직하는 사례, 현실에 만족하며 생활을 지속하는 사례, 잘못된 선택을 성공으로 만들지 못하고 잦은 이직과 공백을 반복하는 사례. 사회생활을 좋게 출발해도 경력 관리를 제대로 하지 못하면 결과는 많은 차이를 보입니다.

두 번째 그림은 가장 많은 이력서 형태입니다. 개인의 가치가 올라갔을 때는 현실에 안주하거나 잘못된 선택을 하고, 개인의 가치가 떨어졌을 때는 긴장하면서 자기 계발을 하거나 업무에 집중하여 다시 가치를 끌어올리는 형태입니다. 개인의 욕심이나 잘못된 판단으로 이직이나 업종 변경, 직종 변경을 통해 경력의 일관성이 무너질 때 이런 곡선이 생깁니다. 경력에 공백은 없으나 잦은 이직으로 헤드헌터들이 싫어하는, 엄밀히 말해서 기업에서 원하지 않는 경력이 됩니다. 기업에서 이직이 많은 사람을 왜 싫어할까요? 당연한 얘기지만 기업은 후보자가 입사하면 오래 일하길 원합니다. 이적이 잦으면 금방 퇴사할 것으로 생각하기 쉽습니다. 제 생각도 마찬가지입니다. 그래서 기업들이 자격 요건에 이직이 잦은 후보자는 지원이 힘들게 만드는 겁니다. 아무리 평생직장은 없다고 하나, 1, 2년마다, 심지어 수개월마다 이직하는 후보자는 과장급 이상이 되면 운신의 폭이 아주 좁아집니다. 최소한 4, 5년은 꾸준히 경력을 쌓는 것이 중요하고, 이직에 대한 명분이 확실해야 합니다. 경력 목표나 경력 동선에 대해 주변의 멘토나 필요에 따라서 신뢰할 만한 헤드헌터 혹은 커리어컨설턴트, 커리어코치에게 상담을 받는 것이 좋습니다.

세 번째 그림은 공백이 있는 경우인데, 누구나 이런 곡선이 생길 수 있습니다. 특히 경력 향상이 아닌 개인 사업을 했다가 실패한 경우에는 반드시 직장을 구하는 사이 공백이 있습니다. 그렇다고 이 그림이 나쁜 것은 아닙니다. 대기업을 다니다가 사업해서 성공한 중견 기업, 벤처기업 CEO가 많기 때문입니다. 그분들은 자신들의 선택을 성공으로 이끌었습니다. 그래서 개인의 가치도 급속도로 올린 경우입니다. 적성과 능력을 잘 진단하여 개인의 가치를 높일 수 있다는 것이 중요합니다. 또한 사업 실패 후에 직장으로 복귀해서 경력을 충실하게 쌓은 분도 많이 봤습니다. 중요한 것은 직장이든 사업이든 원활하게 이어가기 위해서는 업종·직종별로 일관성이 있어야 한다는 것입니다. 'IT 개발 일을 하던 사람이 식당을 3, 4년 하다가 잘 안 되었는데 재취업은 개발 업무'라면 구직이 상당히 힘들고, 하더라도 많은 손해를 감수해야 합니다.

네 번째 그림은 직장을 50대까지 꾸준히 다니기 위한, 가장 이상적인 형태입니다. 표면적으로는 꾸준한 상승을 나타내는 일차함수처럼 보입니다만, 가로축인 t축(시간축)에 무수한 노력이 내포되어 있습니다. '그림 43'으로 설명해 보겠습니다.

이력서를 보면 직장 생활의 시작점은 좋지 않았지만 임원급, 특히 CEO급까지 성공한 분이 있습니다. 그러한 분들이 직장인으로서 가장 이상적이지 않을까 생각합니다. 꼭 임원급이 아니더라도 회사에서 기술의 깊이나 경력이 좋은 사람은 쉽게 놓치지 않습니다. 경쟁사로 가면 자기 회사에 손

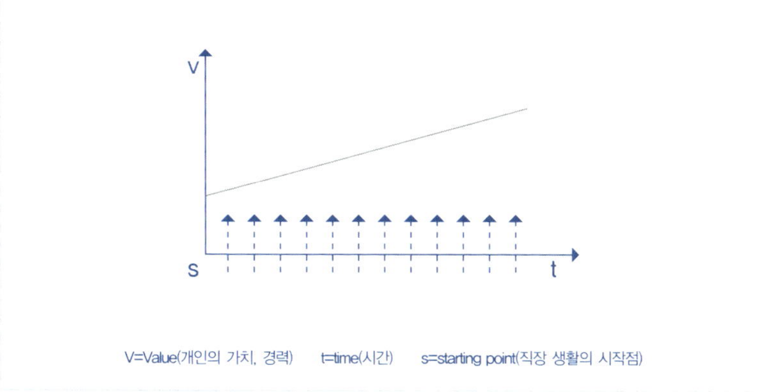

그림 43 이상적인 경력 관리

해가 될 수 있으니까요. 현실적으로 쉽지는 않습니다만 모든 직장인의 꿈입니다.

이를 등가속도 운동과 비유하면 맞을 것 같습니다. 힘은 질량과 가속도의 곱으로 표현되는데(F=ma) 개인의 가치가 힘(F)이라면, 경력의 무게인 질량(m)에 가속도인 a를 곱해 줘야 합니다. 개인의 가치가 꾸준히 발전하기 위해서는 가속도를 일정하게 유지해 줘야 합니다. 경력 관리에 있어 가속도에 해당되는 요소는 경력 기술의 심화, 시장 동향 파악, 업종 트렌드의 지속적인 분석, 외국어 능력 강화, 원활한 의사소통 능력, 유연성, 리더십, 경력에 필요한 교육 이수 같은 개인의 가치를 높이는 활동 들이 포함될 것입니다.

제가 경력 개발 면에서 100% 공감하는 커리어코칭 용어로 Protean Career라는 말이 있습니다. 그리스 신화에 나오는 변화무쌍한 바다의 신 프로테우스에서 유래한 것으로 조직보다 개인이 큰 통제력을 갖기 때문에, 경력 개발의 책임이 전통적인 근로자 기준이 아닌 커리어를 스스로 관리하는 기업가적 기준으로 넘어갑니다. 이는 네 번째 그림의 경력 관리와 비슷합니다.

경력에 대한 목표 설정은 구직이나 이직을 위한 첫 단계입니다. 이직에 대한 명분을 찾아야 합니다. 그래야 이직을 잘할 수 있습니다.

이직을 위한 정보 수집

이 정보 수집 단계는 성공적인 이직을 위해 아주 중요합니다. 확실한 정보가 아닌데 '어디가 잘나간다더라' '연봉을 많이 준다더라' '근무 조건이 좋다더라' '칼퇴근 한다더라' 하면서 제게 오픈 포지션을 문의하는 몇몇 후보자가 있었습니다. 이런 확인되지 않은 정보만으로 이직한다면, 분명 후회할 수 있습니다. 모든 일에는 항상 반대급부가 존재합니다. 칼퇴근이라면 혹시 비즈니스가 없어서는 아닌지, 연봉을 많이 준다는데 인센티브도 지급되는지, 그 연봉이 기본 연봉(Base Salary)인지 인센티브를 포함한 연봉 총액(Gross Salary)인지, 확인해야 합니다. 상장 업체라면 회사 개요, 재무제표, 최근 기술 동향, 수주 현황, 현금 흐름 등 면밀하게 파악해 볼 필요가 있습니다.

'실전편'을 참조하면 도움이 될 겁니다. 그 밖에도 업종 분석에 대한 체계적인 공부를 하겠다면 시중에 출시된 국내 업체 리스트 관련 서적이나 각 증권사 리서치 센터의 투자전략컨설팅 부서에서 발행되는 업종별 분류를 꼼꼼히 체크하기 바랍니다. 리서치 센터의 자료에는 산업별 용어 해설, 직무 분야, 업종 이해도, 대표 업체 등 상세한 내용이 적혀 있어 업종 이해에 많은 도움이 됩니다.

또한, 지원하고자 하는 포지션에 대한 배경을 알아 두면 좋습니다. 사세 확장에 의한 증원인지, 퇴사자 대체를 위한 충원인지, 최근 회사의 분위기나 조직 구성상 힘든 문화는 없는지, 프로세스를 진행하면서 살펴보면 좋습니다. 국내 기업과 외국계 기업 모두 이직해 본 후보자는 외국계 기업을 선호하는 경향이 짙은데, 연봉 문제도 있겠으나 대체로 조직 문화가 확연히 다른 탓입니다.

정보 수집 단계에서는 꾸준히 외부와 소통하고, 자신의 능력을 목표로 하는 회사의 직무에 맞게 준비해야 합니다. 또한 배우자나 가족과 미리 상의해 보는 것도 필요합니다. 경험상 프로세스 마지막에 배우자의 반대로 물거품이 된 경우도 있습니다.

이직 프로세스: 서류 작성

헤드헌터가 이직에 관해 자세하고 솔직하게 알려 준다면 신뢰해도 좋습니다. 이런 부분이 온라인 채용보다 유리한 점이 아닐까 생각합니다. 자신이 꼭 입사하고 싶은 회사에는 서류나 면접에 관한 팁을 줄 수도 있습니다.

지원하기로 결정했다면 성의껏 이력서를 씁니다. 이력서는 기업에 대한 지원 의사를 표현하는 1차 단계입니다. 따라서 기업에서는 관련 직무 키워드 못지않게 '회사에 대해 얼마나 지원 의사가 있는지'를 중요하게 봅니다. 즉, 성의껏 기술해야만 서류를 통과할 수 있습니다. 기업에서 이력서를 평가할 때는 통상 아래 기준으로 봅니다.

첫째, 이력서는 첫 평가가 중요합니다. 경쟁이 치열할수록 많은 이력서가 접수되는데, 인사팀에서는 현업 부서에 검토를 맡기기 전에 1차 필터링을 합니다. 개략적으로 살펴보고 지원 자격과 관련된 경력이 없거나 학력이나 경력상에 이직이 많거나 부족하다고 판단되면 바로 불합격 결정을 합니다. 하여 인사팀의 1차 필터링을 무사히 통과하려면 이 친구 한번 보고 싶다는 생각이 들도록, 해당 직무와 연관된 경력을 명료하게 기술해야 합니다.

둘째, 자신을 최대한 객관적으로 PR해야 합니다. PR은 주관적일 수밖에 없지만, 해당 직무에 대한 경력은 객관적으로 서술이 가능합니다. 긍정적이지만 과장하지 않고, 있는 사실만을 기술해서 이력서의 신뢰도를 높여야 합니다. 예를 들어 '독창적인 기획력, 꼼꼼한 일처리' 같은 추상적인 표현보다는 'ㅇㅇ서비스 단독 기획, 불량률 10% 감소 달성' 등 구체적으로 쓰는 것이 중요합니다. 추상적인 표현은 얼버무리면 그만이지만, 구체적인 표현은 사실과 다를 경우 탈락의 결정적인 사유가 되기에 기업은 구체적인 표현을 좋아합니다. 회사 입장에서 선호하는 후보자 타입입니다.

셋째, 경력은 가급적 자세하게 기술해야 합니다. 후보자의 이력서를 받다 보면, 자신이 수행한 프로젝트나 업무를 총론 위주로 간략하게 적는 분이 많습니다. 후보자를 알아볼 수 있는 1차 관문이 서류인데, 그러한 총론 위주의 제목 기술은 헤드헌터는 물론이고 기업의 인사담당자들을 난감하게 합니다. 그런 분들은 프로젝트의 제목이 해당 직무와 연관되더라도 불합격되거나 검토를 보류할 가능성이 높습니다. 따라서 제목을 기술한 다음에는 세부 기술 내용을 빠짐없이 적어야 합니다. 가령 영업 경력자는 숫자로 말해야 하므로 자신의 실적을 매출액 기준으로 기재하되, Up-Selling, Cross-Selling, Win Back Selling 등의 항목과 수치를 기입하면 검토하는 회사 입장에서는 눈에 쏙 들어올 수밖에 없습니다.

〈Up-Selling〉

고객에게 더 나은 조건을 제안하거나 상품의 질을 강조하여 단가가 높은 상품 구입을 유도하는 판매 방법. 아반떼를 팔던 영업사원이 차량의 안전성을 강조하며 그랜저를 파는 것도 이에 해당한다.

〈Cross-Selling〉

교차 판매. 한 제품을 구입한 고객이 다른 제품도 구입할 수 있도록 유도하는 영업 행위를 말한다. 골프장 부킹을 하면서 소속 리조트 이용권을 판매한다든지, 기저귀를 판매하면서 육아에 필요한 분유를 추가로 영업하는 행위도 해당된다.

〈Win Back〉

경쟁사의 제품군을 자사의 제품으로 대체할 수 있도록 영업하는 행위. 보통은 IT 기업에서 경쟁사보다 비교 우위를 내세워 공격적으로 영업할 때 쓰이는데, 최근에는 업종을 가리지 않고 경쟁사 대체 영업의 의미로 쓰인다.

넷째, 외국어나 자격증은 가급적 취득하고, 그 외 직무와 관계되는 교육 이수 내용은 빠짐없이 기술해야 합니다. 신입은 대학 과목 중 해당 직무와 연계되는 수업 내용이나 프로젝트가 있으면 기술하는 것이 좋습니다.

마지막 단계는 지원 동기, 입사 후 포부, 연봉 정보입니다. 일반적으로 지원 동기를 형식적으로 적는 후보자가 많은데, 지원 동기는 이직에 대한 명분과 밀접해야 합니다. 그래야 회사를 옮겨도 충분히 준비한 만큼 롱런할 수 있습니다. 포부도 '입사한 다음에 어떤 업무를 맡게 된다면 어떤 계획을 세우겠다' '실행하겠다'라는 구체적인 업무 플랜이어야 합니다. 희망 연봉은 구체적인 금액보다는 협의라고 적는 것이 좋습니다.

이직 프로세스: 사전 인터뷰, 회사 면접

서류 전형은 회사에서 그 사람이 실제 이력서와 같은지, 그보다 나은지, 이력서보다 못한지를 판단하는 과정입니다. 첫 번째 케이스는 갈등할 것이고, 두 번째 케이스는 채용할 것이고, 마지막 케이스는 탈락시킬 것입니다. 물론 변수는 있습니다. 채용을 꼭 해야 할 때는 비록 후보자가 조금 부족해도 상대적으로 더 나은 사람이 없으면 합격할 수 있습니다.

그러면 이제 지원자 입장에서 어떻게 면접에 임해야 할지를 알아보겠습니다.

저는 대부분 서류를 통과하면 사전 인터뷰를 진행합니다. 면접에 대한 팁을 주기 위해서입니다. 일반적으로 조언하는 내용을 요약해 보겠습니다.

첫째, 간단한 인사 후 자기소개는 업무와 관련된 직무 능력 위주여야 합니다. 장점과 단점을 얘기하되 단점에 대해서는 보완하고 있음을 알려야 합니다. 자기소개는 성장 과정에 대한 질문이 아닙니다. 따라서 경력직은 학창 시절보다는 직장 생활 위주로 얘기해야 합니다.

둘째, 영어 인터뷰는 항상 나올 수 있으니 업무 위주로 미리 준비해 두는 것이 좋습니다. 영어로 자기소개 하라는 국내 기업이 점점 늘고 있습니다. 특히 해외영업, 마케팅 관련 직종 등 영어를 업무상 사용해야 하는 직종은 유비무환의 마음으로 준비해 두어야 합니다.

셋째, 역량에 관한 질문을 받으면 두괄식으로 핵심 먼저 얘기하고 부연 설명을 해주는 것이 좋습니다. 예를 들면, 영어 어느 정도 하십니까? 하고 질문을 받았는데, TOEIC 700점 정도 됩니다 하고 답변하는 것은 틀리진 않으나 기업에서 원하는 답은 아닙니다. TOEIC은 700점 정도입니다만, writing/reading은 원활하고 speaking은 재직 회사에서 업무하며 외국인들과 계속해 왔습니다, 지금도 원활한 업무 수행을 위해 꾸준히 연마하고 있습니다, 이런 답변이 더 낫고, 지원 열의와 예의가 있어 보입니다.

넷째, 회사에서 궁금한 것은 후보자의 역량 파악이므로 둘러대지 말고 핵심을 얘기해야 합니다. 모르는 부분은 모른다고 솔직하게 인정하고, 강점인 부분은 부각시키는 것이 좋습니다. 모르는 부분 때문에 당황하여 얼버무리면, 면접 내내 고생합니다. 면접관에 따라서 그 부분을 지속적으로 물어보기도 하는데, 그때는 면접 결과가 좋지 않을 겁니다.

다섯째, 이직 동기와 포부에 대해서는 앞서 언급한 대로, 회사에 지원 의사와 관심이 있었음을 주지시켜야 합니다. 또한 거기에 상응하는 회사 정보 파악은 필수입니다. 그리고 그러한 입사 동기에 경력을 연결 지어, 회사에 도움이 되리라는 포부를 밝히는 것도 필수입니다.

여섯째, 연봉 부분은 10~15% 인상이면 무난합니다. 통상 재직 회사에서 근속할 경우 연간 5~8% 연봉이 인상된다는 점을 감안하고 움직이는 리스크를 포함한다면 말입니다. 경력 관리에 도움 되는 상향 이직이라면 비슷한 수준이라도 고려해 볼 만하고, 지원 회사의 연봉 수준이 지금보다 충분히 높을 것으로 예상되면 내규에 따르거나 협의 가능이라고 말하는 것이 좋으며, 자신의 경력을 꼭 필요로 하는 회사의 요구가 있다면 연봉 인상을 조금 더 희망한다고 요청할 수 있겠습니다. 무엇보다 중요한 것은 연봉 협상에서 경직되지 않고 유연성을 발휘하는 것입니다. 금액을 적시해서 그 연봉 이하로는 안 된다고 얘기하면 좋은 결과가 나오기 어렵습니다. 시기도 중요합니다. 면접 결과가 나오기도 전에 구체적인 액수를 얘기하기보다 최종 합격한 후에 협의하는 것이 좋습니다.

마지막으로 기본 에티켓을 지켜야 합니다. 면접 시간에 늦는 일은 결코 있어서는 안 되고, 면접에 실수를 했다 해도 빨리 잊어야 합니다. 질문에 대해서는 창의적으로 답변해야 합니다. 정답을 맞추란 얘기가 아닙니다. 기본적으로 면접관들의 인상을 찌푸리게 하는 모습은 말끝을 흐린다거나 다리를 떤다든가 머리를 긁는 행동입니다. 이 점을 유의하고, 부정형의 답이 나와도 긍정형으로 마무리하는 자세, 거짓은 없애고 솔직하게 얘기하는 자세를 유지해야 합니다.

이직 프로세스: 평판 조회

경력 사원 채용이 점점 많아지자 채용 시장에서는 직급을 가리지 않고 평판 조회를 필수적으로 하고 있습니다. 제가 재직 중인 에이치알맨파워 그룹에서도 평판 조회 요청이 가끔 있는데, 갈수록 많아질 것으로 예상됩니다. 이는 서류와 면접에서 합격한 극히 일부의 후보자들이 과거 재직 회사에서 어떻게 일했는지 기업에서 요청하는 경우가 많아 생기는 현상입니다. 그만큼 이직해서 입사한 후보자들이 면접 때와 달리 실제 업무에서 기대 이하인 경우가 많았다는 얘기입니다.

제가 고객사에 제출한 평판 조회서의 샘플입니다. 보통은 후보자의 동료, 직장 상사, 후배 등에게 후보자가 요청해서 작성합니다만, 최근에는 서

Reference check

o 대상자 : [illegible]

Check 자 정보	관계	성명	현 근무처	현 직급	대상자와의 인연 (동료, 구매처 등)
	동료		연구소	소장	전 [illegible] 팀장
인간관계는 어떻습니까?	사내 동료, 상사와 원활한 관계로 협업 시 높은 업무 성과를 이루고, 퇴사 이후로도 관계를 지속하고, 후배 직원들에게 존경받는 선배로 인간관계 유지합니다.				
업무능력은 어떻습니까?	정확한 판단력과 세심한 업무 진행 능력, 강한 추진력이 강점입니다.				
업무스타일은 어떻습니까?	진행 업무에 대해 전체를 구상하고, 그에 맞게 구성원들의 강점과 개성을 고려하여 업무를 분배하는 한편 그 후 꼼꼼하게 관리하는 것으로 인정받고 있습니다.				
조직과 잘 융화합니까?	본부/팀간 협업 시 원활한 의견 소통과 통합을 위해 조율할 줄 아는 능력이 있습니다. 또한 원하는 결과를 이끌어 내기 위한 동기부여 전략을 잘 구사 합니다.				
커뮤니케이션 능력은 어떻습니까?	전사 대외업무 총괄하고, 그에 맞는 탁월한 커뮤니케이션 능력을 가지고 있습니다. 제휴파트너 와의 관계가 매우 중요한데 이를 훌륭히 유지하고, SNS 활용, 운영 등 트렌드에 빠른 인재입니다.				
리더십은 어떻습니까?	오랫동안 리더역할을 수행해 왔으며, 구성원들의 특장점을 잘 파악하여 개개인의 능력을 십분 발휘할 수 있도록 도와주는 리더십을 보여 왔습니다. 또한 사사로운 것에 신경을 쓰지 않는 통 큰 리더로 구성원들에게 인정받고 있습니다.				
사생활평판	후배 동료들 개개인에 대해 인생 선배로서 많은 부분을 챙겨주는 따뜻한 마음을 가진 사람으로 퇴사를 한 이후에도 계속해서 관계를 유지해 오고 있습니다.				
종합의견	인터넷서비스, 브랜드 마케팅의 전문가, 능력 있는 리더입니다. 인쿠르트 마케팅팀장, 본부장 업무 수행해온 것만으로 그 능력을 증명한다고 판단됩니다.				

작성자 성명 : _______________________   연락번호 010 - _______)7 _______________

그림 44 후보자 평판 조회

치픔의 헤드헌터에게도 요청합니다. 이럴 경우에는 헤드헌터가 전 회사의 동료들을 수소문하는 과정에서 친하지 않은 동료에게서 평판을 들을 수도 있기 때문에, 업무 능력은 물론이고 동료들과의 의사소통 능력도 요구됩니다. 즉, 재직할 때는 물론이고 이직 프로세스 중에도 성실하게 임하는 것이 좋습니다.

여러 후보자를 상대합니다만, 지원하는 입장에서 확인되지 않은 사유로 번복하거나 응답하지 않으면 신뢰를 잃을 수가 있습니다. 헤드헌터도 내부 공용망으로 후보자에 대한 메모를 하고 공유합니다. 지인에게는 물론 헤드헌터들에게도 평판을 조회할 수 있기 때문에 매사에 성실하게 의사소통해야 합니다.

- History보기 -

기본정보

등록자	등록자 : _ _ _, ㄹ), 등록일 : 2012-02-04 오후 2:43:14	수정자	수정자 : :, ㄹ), 수정일 : 2012-02-06 오후 10:51:22
내용	12.02.06 아산사업장 12.4월 퇴직 계획 , 잠시 휴식기를 가지며 해외여행 계획이 있음, 금년 하반기 쯤 T.O 되면 지원예정 12.02.03 ... _ SW개발 포지션 제안 件 아산사업장에서 근무 중이며 , 이직를 계획하고 있음. 기본 4,000만 + PS 20%~40% 아직 미혼이며 이천 > 양지까지 출퇴근 가능함. 상당히 긍정적이고, 오픈 마인드의 후보자,제안 메일 검토 후 회신 예정		

그림 45 후보자 평가(관리자 메모)

회사 내부 그룹웨어에는 경력 프로필은 물론, 후보자의 성향이나 관심사, 태도 등을 기술하는 관리자 메모 항목이 있습니다. 위처럼 좋은 메모가 있다면 다른 컨설턴트도 관심을 갖고 연락하기 때문에 후보자의 이직에 도움이 될 것입니다. 반대로 프로세스나 의사소통이 거짓이고 매너가 없다면 평판이 안 좋아져, 심한 경우에는 블랙리스트로 등록될 수도 있습니다. 그럴 경우에는 헤드헌터들도 후보자를 피합니다.

재직 중인 후보자 vs 구직 중인 후보자

보통 포지션을 보고 후보자를 검색하는 경우와 후보자의 이력서를 보고 포지션을 검색하는 경우, 둘로 나뉩니다. 통상 전자지만, 후자도 꽤 좋은 방법입니다. 후보자는 재직 중인 경우도 있고, 구직 중인 경우도 있습니다.

일반적으로 후보자가 이직을 원할 경우 재직 중이라면, 가급적 퇴사는 이직할 회사가 확정되거나 채용 프로세스가 완료됐을 때 해야 한다고 조언합니다. 성급한 후보자는 퇴사하고 이직을 진행하는데, 회사에서 변심하거나 근무 조건 또는 관련 부서가 바뀌거나 연봉 내용이 바뀌거나 회사의 나쁜 소식을 뒤늦게 알게 되는 등 여러 변수가 있습니다. 후보자는 이럴 경우 여러 가지 손해를 봅니다. 첫째, 받던 급여를 일시적으로 못 받습니다. 둘째, 구직에 대한 마음이 급해져서 냉철하게 회사를 분석하지 못합니다. 마지막으로 경력 개발과 무관한 곳으로 이직할 가능성이 있고, 그에 따른 이직이 잦아집니다.

　통상 회사에서는 재직 중인 후보자를 선호하는 경향이 있습니다. 물론 이직이 잦지 않은 후보자 말입니다. 이직이 잦지 않다는 것은 곧 충성도로 연결됩니다. 또한 현업에서 일하고 있기 때문에 감각적으로도 문제가 없습니다. 그래서 보통 헤드헌터들도 재직 중인 후보자를 더 선호합니다. 정상적인 인수인계 기간은 통상 4주 내외입니다. 그 사이 후보자가 카운터 오퍼를 받거나 변심하면 헤드헌터와 고객사는 타격을 받을 수 있으나 후보자와 지속적으로 의사소통을 한다면 그럴 가능성은 그리 높지 않습니다. 재직 중인 후보자들은 상대적으로 심리적인 안정감이 있어서 옮길 회사에 대한 정보를 인터넷이나 여러 지인을 통해 얻고 난 뒤에 진행합니다. 이런 사전 정보를 좀 더 알아볼 수 있다는 것이 재직 중인 후보자들의 장점입니다. 반면, 구직 중인 후보자는 절실한 경우가 많습니다. 입사 예정된 회사가 있지 않으면 한두 달이 지날 때 스트레스를 받기 시작합니다. 개인적인 사유가 아닌 권고사직이나 불가피한 사유라면 실업 급여가 재직 기간에 따라 최대 6개월까지 지급됩니다만, 직장 급여 수준에 비해 턱없이 모자라고, 더 중요한 것은 자신감이 상실됩니다.

　미국의 정신과 의사인 홈즈 박사 연구팀이 일상생활에서 받은 스트레스 수치를 계량화한 적이 있습니다. 이는 각종 신체 장기의 기능 변화와 망각에 소요되는 시일 등을 기준으로 조사한 것이라는데, 가장 큰 사건은 배우자의 죽음이었습니다. 100이라는 수치로 가정했을 때 2위는 이혼(73), 5위는 가족의 죽음(63), 6위는 자신의 병(53), 8위는 실직(47)이었습니다. 이는 가족의 건강 상실(44), 경제 상태의 변화(38), 친구의 사망(37), 자식의 가출(29)보다 스트레스 강도가 높았습니다.

충분히 구직할 수 있음에도 채용 공고를 지나치게 고르는 구직자들이 있습니다. 그러다 공백 기간이 길어지면 점차 합리와 멀어지면서 잠재적 실업 상태가 됩니다. 그렇다고 국가에서 지원할 수도 없습니다. 이런 실업을 해결하고자 정부 재원을 사용하면 재정 악화는 물론이고 노동 생산성도 떨어질 가능성이 높습니다. 이 경우에는 취업지원센터나 헤드헌터, 아웃플레이스먼트, 직업상담사 등의 노력이 필요합니다. 구직자의 경쟁력을 강화시킬 수 있는 조언, 직무전환 교육 방법 제시 등 구직자의 커리어를 보듬어 줘야 합니다.

헤드헌터는 청년 실업 문제, 구조 조정, 대량 해고 등의 스트레스를 지닌 후보자들을 조금이나마 돕는다는 마음가짐으로 상담해야 합니다. 특히 마음을 잘 달랠 수 있는 포용력이 있어야 합니다. 저는 실직하고 공백이 긴 후보자를 합격시킬 때 가장 보람을 느낍니다. 제 동료 중에는 정년퇴직 후 생활의 무기력증으로 어려움을 느끼던 분들을 한 회사의 기술고문, 영업고문으로 입사시킨 경우가 있습니다. 또한 사업 공백이 4, 5년 있는 분들이 어려운 형편으로 재취업을 희망해서 좋은 조건으로 합격시킨 적도 있습니다. 물론 잦은 경우는 아닙니다만, 이럴 경우 헤드헌터는 후보자에게 감사의 표현을 많이 받고 뿌듯해 합니다.

그러면 구직 중인 후보자들은 이직할 때 어떤 점을 유의해야 할까요? 우선 구직 기간을 최소한으로 단축시켜야 합니다. 또 지원한 회사에 대해 정확하게 파악하고 프로세스에 임해야 합니다. 그리고 면접 시에 열정을 다하고 연봉 협의를 잘해야 합니다. 어떤 후보자는, 실제로 그런 마음인지는 모르겠지만, 몇 개월 푹 쉬고 싶다고 합니다. 질병 등 불가피한 이유가 아닌 단순 Refresh가 길어지는 것은 곧 경력의 단절을 의미합니다.

국내 대기업 개발자로 5, 6년 근무하다가 이직해서 글로벌 외국계 기업에 9년 정도 재직한 친구가 있습니다. 확실하게 말하지는 않았지만, 조직 내에 문제가 있어서 퇴사를 했습니다. 이 정도 경력이면 오라는 기업은 분명히 있습니다. 그래서 처음에는 공부도 생각했고 창업도 생각했다는데, 여의치 않게 됐습니다. 3개월쯤 지났을 때 일입니다. 그때부터 저와 많은 대화를 했습니다. 이 경우에는 헤드헌터도 부담스럽습니다. 경력 좋은 후보자라 아무 포지션에 추천할 수 없기 때문입니다. 중소 규모의 조직에서는 연봉을 맞춰 줄 수 없고, 설령 그렇게 맞춰 줘도 안정성을 보장할 수 없습니다.

결국 몇 군데 포지션 추천을 했으나 결과가 좋지 못했습니다. 그 1년간 지인의 심리 변화를 통해 많은 것을 느꼈습니다. 처음 3개월은 여유가 있었습니다. 하지만 4개월째부터는 서서히 경제적 압박을 받기 시작했습니다. 가령 연봉이 1억이면 세후 월 700만 원. 그 돈이 없는 거니까요. 이후부터는 경력이나 연봉 면에서 손해를 감수하고 지원도 해봤지만, 대부분의 회사는 부담을 느꼈습니다. 이에 지인은 낙심도 하고, 포기도 했습니다.

서문에서 밝혔지만 저도 사업을 그만두고 5개월간 구직 상태였습니다. 구직자가 되면, 대부분 초조해 합니다. '내가 존재하는 이유는 무엇인가?' '무엇을 하면서 살아야 하나?' 이런 철학적인 질문을 스스로에게 하고, 신앙을 가지기도 합니다. 결국 신 앞에 나약해진 내가 보이고, 무언가 강한 힘이 있다면 자신을 이끌어 가주길 바라는 심정이 됩니다. 이 친구도 6개월이 넘어가면서 아주 절실해졌습니다. 일이 너무도 하고 싶다는 것이었죠. 돈도 돈이지만 마음이 많이 황폐해지고 있음을 느낄 수 있었고, 경험자로서 충분히 공감할 수 있었습니다.

지인은 1년 만에 온라인으로 지원하여 대기업에 입사했습니다. 직급과 연봉은 다소 줄었습니다만 이 친구는 제게 그간 신경 써줘서 고맙다고 했습니다. 제 일처럼 정말 기뻤습니다. 이직하기 전 몇 개월간 초심으로 돌아가서 이직할 기업과 조직에 대해 부단히 공부했고, 관련 부서의 지인을 통해서 최근 현황도 입수하고, 연봉 정보도 미리 파악해 두었습니다. 이런 부분들이 면접관들에게 시니어급이지만 적극적이고 절실한 입사 의지로 보인 것 같습니다.

구직자들이 이력서를 보내오는 경우 제 경험과 친구의 간접 경험을 통해 가급적이면 답변하고 경력을 상담하려 합니다. 모든 분에게 적절한 포지션을 제안하지 못해서 능력의 한계를 느끼는 것 또한 사실입니다. 구직자나 헤드헌터나 서로 간의 입장을 이해해 주면 좋겠습니다. 최근에는 아웃플레이스먼트를 통해 많은 후보자의 프로필을 접합니다. 이럴 때 퇴직 프로그램 담당 컨설턴트들과 저와 같은 헤드헌터들이 많은 노력을 기울입니다. 구직자(특히 시니어급)는 이런 상황을 오히려 기회라고 생각하고 컨설턴트들에게 상담을 요청하거나 여러 교육을 받으면서 구직 활동에 도움이 되는 일을 적극적으로 찾아야 하고, 저와 같은 헤드헌터는 구직자의 상황에 공감하며 자신의 일처럼 성의 있게 상담해 줘야 합니다. 그럴 때 좋은 포지션이 생기고 구직자는 컨설턴트를, 컨설턴트는 구직자를 신뢰하여 합격할 확률도 높아집니다.

이익보다 후보자의 미래가 먼저

대형 유통 업체 와인 MD 포지션을 진행할 때 일입니다. 남성만 채용하는 포지션이라 A 후보자가 서류에서 탈락했습니다. 이 후보자의 역량이 워낙 훌륭한 탓에 휴직 기간이 길어지는 것이 안쓰러웠던 저는 후보자에게 입사를 희망하는 동종의 업체를 뽑아 달라고 요청했습니다. 후보자는 5개의 업체 리스트를 뽑았고, 저는 5곳에 연락을 취했습니다. 하지만 3곳은 시장이 어려워 T.O가 없었고, 2곳은 외국계 기업으로 자사의 공개 채용만 진행하고 있다고 했습니다. 저는 후보자가 가장 가고 싶어 했던 회사 담당자에게 온라인 채용 지원 방법을 문의했습니다. 그리고 후보자에게 지원할 수 있는 방법을 알려 줬습니다.

2개월 후에 후보자에게 연락이 왔습니다. 당 업체의 와인마케팅 포지션에 합격했다더군요. 제 덕분이라고, 감사 인사를 해온 겁니다. 비록 후보자를 통해 수익을 내지는 못했지만 그보다 훨씬 값진 무언가를 얻은 기분이었습니다. 언젠가 후보자를 통해 좋은 인연을 소개받을 수 있다는 것만으로도 힘이 됐으며, 그 후보자의 미래에 일조했다는 것에 뿌듯함과 자긍심을 가졌습니다. 작은 것에 일희일비하지 않고 욕심을 내려놓는 것, 동료와 상생하는 협업, 나의 이익보다 후보자의 미래를 먼저 생각하는 것, 그렇게 더 좋은 결과를 얻는 것. 헤드헌팅이라는 직업을 가진 모든 이의 사명감이 아닐까 싶습니다.

－에이치알맨파워그룹 서동욱 부장

HEADHUNTER

| 단상(斷想)편 |

성공의 의미

성공이란 무엇일까요? 모든 일이 마찬가지겠지만, 모든 헤드헌터는 성공을 원하고 있습니다. 성공이란 무엇일까? 《명심보감》「성심」편을 보면 다음과 같은 구절이 있습니다.

器滿則溢 人滿則喪(기만칙일 인만칙상)
그릇이 차면 넘치고 사람이 차면 잃게 된다.

'물이 그릇에 가득 차면 넘치는 것이 당연하고 사람이 제 분수에 넘치면 죽게 된다(다치게 된다)'는 뜻입니다. 과유불급(過猶不及)이라는 말처럼 원하는 바를 얻으려고 다른 사람에게 피해를 주면 분명 손해를 본다는 뜻입니다. 사람이 태어나서 성공을 이룰 수 있으되, 무엇이든 가득 차면 넘칠 수 있고 잃어버릴 수 있는 만큼, 늘 일정 부분 비워 두고 베풀면서 사는 것이 좋지 않을까 합니다. 이 글을 읽을 때마다 그러한 교훈을 되새기게 됩니다.

헤드헌터로서의 성공은 꼭 실적으로만 좌우되지 않습니다. 성공의 진정한 의미는 스스로를 지속적으로 개발하고, 새롭게 시작하고자 하는 분이나 고전하는 동료에게 일정 부분 자신이 가진 것을 베풂으로써 함께 발전해 나가는 거라고 생각합니다. 그래야 조직이 건강해지고 조직에 대한 충성도가 생깁니다. 헤드헌터로서의 성공은 다음의 몇 가지를 이룰 때 가능해집니다.

상식적인 업무 진행으로 실적을 이뤄 낸다면 직장인 못지않은, 아니 직장인보다 더 나은 결과가 나옵니다. 저는 아직도 갈 길이 멉니다만 직장인 못지않은 실적은 운 좋게 냈습니다. 이 책을 보는 분들도 반드시 해낼 수 있다고 생각합니다.

업무 진행을 통해 실적을 냈다면, 건강을 지켜야 합니다. 업무에 너무 신경을 쓴 나머지 건강관리를 소홀히 해 업무에 큰 공백이 생긴 경우를 주변에서 가끔 봤습니다. 헤드헌터는 시간과 건강이 생명입니다. 건강하지 않으면 여러 가지로 손해를 봅니다. 꾸준히 건강관리를 해야 합니다. 앞서도 언급했지만, 업무 진행을 하다 보면 욕심을 자제하게 됩니다. 눈앞에 이득을 위해 팀워크를 해치면 설령 실적을 내더라도 돈보다 더 중요한 사람을 잃게 됩니다. 팀워크를 생각하고 동료를 배려하며 실적을 내는 분들은 동료에게 존경을 받습니다. 이것이 진정 성공입니다. 그런 기준으로 볼 때, 저는 아직 한참 멀었습니다. 최소한 상식적인 업무 진행을 잘하려고 노력하는 정도입니다. 나머지는 꾸준히 노력해야 합니다.

협업의 중요성

에이치알맨파워그룹에 입사하기 전, 소형 서치펌에 잠시 있었습니다. 지금 생각해 보면 그때는 정말 아무것도 몰랐습니다. 누가 잘한다더라, 누가 고객사가 많다더라, 이거 안 된다더라, 출근했는데 사고 났다더라 하는 카더라 통신에 휘둘리면서, 이 일을 해야 할지 말아야 할지 갈등했습니다. 소형 서치펌은 석세스가 많지 않기 때문에 누가 석세스 하면 그날은 회식입니다. 상황이 그렇다 보니 업무 진행이 주먹구구식입니다. 헤드헌터 간은 물론이고, 고객사나 후보자에게도 정보를 공유하지 않고 혼자 꽉 쥔 채 해결하려는 경향이 짙습니다. 폐쇄적이죠. 그러면 당연히 실적은 저조하기 마련입니다.

그러다 2009년에 에이치알맨파워그룹으로 옮겼습니다. 이쪽에서 가장 인상 깊었던 점은 협업입니다. 이 협업의 가장 큰 장점은 고객사를 영업하는 호스트 헤드헌터가 고객사 관리를 잘하여 포지션이 많아졌을 때, 동료가 대신 추천해서 합격시킬 수 있다는 것입니다. 동료 헤드헌터 입장에서는 내가 영업을 못하는 고객사의 포지션이 열림으로 인해 지인이나 떠오르는 후보자를 즉각 추천할 수 있다는 장점이 있습니다. 혼자 모든 것을 진행하는 것보다는 엄청나게 큰 장점입니다. 그로 인해 헤드헌터의 수입에 더 안정성이 생깁니다. 보통 헤드헌터 단독으로 석세스를 하게 되면 회사하고만 수익을 배분하지만, 협업은 호스트와 추천자하고 수익을 배분해야 하므로 수익률은 좀 떨어집니다. 그러나 아에 못하면 수익은 없으니 그보다는 매우 훌륭하죠. 그렇다고 협업이 장점만 있는 건 아닙니다. 함정이 있어서 일부 비상식적인 업무 행위로 인해 시간적, 경제적인 피해를 보기도 합니다. 이를 위해서는 어느 정도의 규칙과 제재 이전에 상식적으로 업무를 진행하도록 지속적인 안내가 있어야 합니다. 호스트와 추천자 간의 상호 이해와 협력이 요구되는 몇 가지를 적어 봅니다.

첫째, 호스트는 정확한 직무 요강 및 후보자를 설득할 수 있는 회사 소개 게재로 추천자의 수고로움을 조금이나마 덜어 주도록 노력해야 합니다. 또한 호스트는 추천자가 추천한 인재의 적합성 평가를 정확하게 협의하여 판단해야 합니다. 비슷한 레벨인데 자기 후보자는 되고, 추천자의 후보자는 안 되면 안 됩니다.

둘째, 추천자는 해당 직무 요강의 이해도를 높일 수 있도록 노력해야 합니다. 그리고 후보자의 경력을 신중하게 검토해서 추천해야 하는데, 키워드만으로 회사 내 DB를 도배하듯 추천하는 행위는 삼가야 합니다. 모든 후보자를 추천자가 연락하기는 사실상 힘들고 효율적이지도 않습니다. 이런 경우는 선점하여 다른 헤드헌터가 연락을 못하게 되는 불합리성을 내포하고 있기 때문에 자제해야 합니다. 추천자 스스로가 handling할 수 있는 후보자만 연락해야 합니다. 정확한 직무 이해로 적합한 후보자를 추천해야 추천자의 미래도 밝습니다.

셋째, 호스트와 추천자 사이에 일어날 수 있는 몇 가지 쟁점은 상식선에서 해결해야 합니다. 추천자가 적합한 사람을 연락해서 이력서를 받았다면 호스트는 성실하게 진행 상황을 알려 줘야 합니다. 제 동료인 정현호 이사님께 인재를 추천했을 때, 일정이나 상황 등을 사내 메일로 정확하게 받았습니다. 합격은 되지 않았으나 기분이 유쾌했습니다. 이런 일이 생기면 소문이 나고 더 많은 추천자가 다가옵니다. 당연히 호스트의 실적은 올라갑니다.

평생교육

어릴 적 초등학교 사회 시간과 도덕 시간에 평생교육이라는 말을 들은
기억이 납니다. 초등학교 때는 대부분이 그랬겠지만 우등생이었습니다. 그
런데 당시 선생님께 들은 평생교육이라는 말이 이해 가질 않았습니다. 교
육은 학교에서만 받는 게 아닌가 하고. 그때 선생님께 평생교육에 대해서
진지하게 여쭤 봤으면 어떨까 하고 후회하기도 합니다.

한국고용정보원의 2011~2020 중장기 인력수급 전망 자료에 의하면 저
출산, 고령화의 영향으로 청년층 및 핵심 근로 연령층(30세~54세)의 비중이
감소하고, 고령층(55세 이상)의 비중이 증가한다고 합니다. 고령층의 비중이
2010년 19.2%에서 2020년 28.5%로 대폭적인 증가한다는 것은 시사하는
바가 큽니다.

평균수명은 느는 만큼, 그에 걸맞은 사회적인 시스템이 필요하다고 생각
합니다. 학창 시절에 비전을 가졌거나 평생교육의 개념을 가진 사람은 없

을 겁니다. 부모님이나 일가친척들의 관심과 기대 속에 "너는 의사 해라" "너는 과학자가 좋을 것 같다" "너는 변호사 해라" 등 어린 마음에 막연히 공부를 잘하면 그런 사람이 되는 줄만 알았지, 그런 사람들이 무엇을 해서 돈을 벌고, 근무 조건이 어떻고, 만족도는 어떤지, 적성에는 맞는지…… 이에 대해 자문하거나 선생님이나 부모님께 여쭙는 학생은 아마 거의 없었으리라 생각합니다. 그런데 마흔이 넘어가는 이 시점에, 5년간 제 커리어와 타인의 커리어로 비즈니스를 해보니, 그 평생교육이라는 말이 얼마나 중요했는지 몸소 느끼게 됐습니다.

자신의 인생을 장기적으로 꾸준히 조명하지 않으면 세상을 넓게 보지 못하고, 상황에 맞는 자기 합리화나 게으름, 배타적인 행동, 변화를 두려워하는 심리가 자신을 지배하게 됩니다. 쉽게 말해서 꾸준히 자신의 비전을 설정하고 실행 계획을 세워야 보다 행복하고 자신 있는 삶을 살 수 있습니다. 이를 커리어코칭에서는 인생 주기를 자신의 커리어에 맞게 다섯 단계로 나눠 설명하고 있습니다. 1단계는 유아기/아동기, 2단계는 청소년기, 3단계는 성인기, 4단계는 전기 노년기, 마지막으로 5단계는 후기 노년기입니다.

유아기/아동기는 학교에서 시행하는 프로그램에 따라 적성과 진로를 생각해 보는 시기입니다. 청소년기는 직업 준비기로, 구체적인 직업에 대한 정보나 비전을 파악해 보는 시기입니다. 성인기는 직장 생활을 시작해서 자아실현을 하는 시기이며, 전기 노년기는 제2의 직업 생활기로 일정 기간 직장 생활을 해서 제2의 직업을 생각해 보거나 직장 경력을 좀 더 향상시키는 시기입니다. 마지막으로 후기 노년기는 직업전선에서 은퇴하고 자신이 세운 플랜이 있다면 실행해 보거나 신체적 혹은 정신적으로 휴식을 취하는 시기입니다.

이 책은 성인기 및 전기 노년기에 맞는다고 보시면 됩니다. 즉, 사회생활이나 직장 생활을 시작해서 자아실현을 하려거나 직장을 일시적으로 그만두고 제2의 직업을 생각하는 시기에 보는 책이라는 뜻입니다. 저는 이 시기에 헤드헌팅을 택했고, 그 직업으로 직장 생활보다 수익을 더 낼 수 있는 방법을 공유하고자 하는 것입니다.

평생교육에 대한 깨달음은 향후 청소년들의 직업 교육이나 직장인을 대상으로 하는 경력 설정, 코칭 등으로 연결됩니다. 시기별로 그러한 비전 설정이 중요하다고 뼈저리게 느꼈으니까요. 그래야 아동기나 청소년기에 왜 공부해야 하는지, 왜 기술을 연마해야 하는지에 대해 절실함을 가지고 상황에 대처할 수 있습니다.

현재 하는 일에 긍지를 가지고 즐겁게 일하지만 만약 제가 학생 때 절실함을 느끼게 해주는 멘토나 컨설턴트가 있었다면, 공부하라는 부모님의 말씀이 없었어도 열심히 공부나 기술을 연마했을 것 같습니다. 중고등학교, 대학교는 물론이고, 약간은 늦었다고 생각했을 직장 생활을 시작한 후에도 그랬을 겁니다.

미리 알지 못했지만, 이런 필요성을 많은 분에게 제시해 주는 게 제가 할 임무이라고 믿고 있습니다.

그레샴의 법칙

원래 경제 용어인 그레샴의 법칙은 16세기에 영국의 금융업자이자 재무관이었던 토머스 그레샴이 한 "악화(惡貨)가 양화(良貨)를 구축(驅逐)한다"는 말에서 나온 것입니다. 귀금속 가치가 높았던 16세기에는 양화(금화)가 유통시장에서 사라지고, 그보다 가치가 낮은 악화(은화 등 다른 화폐)가 주로 유통되었습니다. 신용화폐가 보편화된 현대 사회에서는 해당되지 않습니다만, 일반 경제 현상으로는 흔히 비유되고 있습니다. 단가를 낮추기 위해 정상적인 식료품이 아닌 불량 성분을 함유한 불량 식품을 만든다든지, 정품 석유에 벤젠이나 좋지 않은 물질을 섞어서 판매하는 유사 석유, 건설자재나 기타 제조업 자재에 단가를 낮추기 위한 각종 편법을 단순히 악화의 개념으로 비유합니다.

저는 이를 헤드헌팅에 임하는 자세에서도 곧잘 비유합니다. 정상적인 프로세스를 거치지 않고 좀 더 쉽게, 남들도 그렇게 하니까 편한 방법을 쓰는 경우가 가끔씩 있습니다. 관련 업계에 종사하는 분은 알겠지만, 자신의 이익을 위해서 편법을 쓰는 일은 없어야 합니다. 고객사에 탐욕을 부리는 일, 후보자 섭외 시에 포지션에 대한 과대한 광고, 포지션 직무 정의 이후 후보자 경력을 세심하게 매치하지 않고 불특정 다수의 후보자에게 포지션의 내용을 메일로 발송하는 일 등 자신에게는 편한 일이 다른 사람에게는 불편할 수 있으니 자제해야 합니다. 누구나 돈 앞에서는 흔들리게 마련인데, 그것이 타인 입장에서 피해라면 점차 운신의 폭을 좁히는 것이 지극히 당연합니다.

어떤 일이든 같겠지만, 헤드헌팅에도 왕도는 없습니다. 꾸준히 고객사를 영업하고, 공부하고, 후보자 섭외를 위한 자신의 전문성을 지속적으로 키워야 합니다. 장기적인 안목으로 헤드헌팅이나 커리어컨설팅을 바라본다면, 정석대로 업무를 진행해야 합니다.

하늘은 스스로 돕는 자를 돕는다

《탈무드》에 나오는 일화입니다.

가난한 농부가 자신의 신세를 한탄하면서 꿈을 꿉니다. 하느님 앞에서 무릎을 꿇고 있었습니다.

"죽지도 않은 네가 어떻게 왔느냐?"

"하느님, 여쭐 것이 있습니다."

"무엇이냐?"

"하느님, 이 세상에서 1만 년의 시간이 하느님께는 얼마큼이나 되는지요?"

"음, 1분쯤 된다."

깜짝 놀란 농부는 하느님께 다시 여쭙니다.

"그럼 하느님, 1억 원은 하느님께 얼마나 됩니까?"

"음…… 1억 원은 나에게는 1원쯤 된다."

"정말입니까?"

"그렇다. 1억 원은 내게는 1원쯤 될 것이다."

그러자 가난한 농부는 묘한 웃음을 지으며 하느님에게 청합니다.

"하느님, 이 가난한 농부를 불쌍히 여기시어 은혜를 베풀어 주세요."

"무엇을 원하는고?"

"하느님, 불쌍한 저에게 1원만 주세요, 네?"

"좋다. 네가 원하는 소원을 들어 주겠다."

"고맙습니다. 하느님…… 이 은혜 잊지 않겠습니다."

농부는 기뻐서 어쩔 줄을 몰랐습니다. 집에 가서 가족들에게 해줄 일들을 생각하느라 정신이 없었습니다. 그때 하느님이 말했습니다.

"한 가지 조건이 있다."

"예…… 말씀하소서."

"1분만 기다리거라."

"……."

딸아이와 읽은 《탈무드》에서 따온 내용인데, 정말 느끼는 바가 컸습니다. 세상에 공짜는 없습니다. 하느님도 스스로 돕는 자를 돕지, 그저 베푸는 것이 아님을 다시 한 번 느꼈습니다. 헤드헌팅도 단지 운만 바란다면 하늘에서 응답하지 않습니다. 무슨 일이든 마찬가지겠지만, 끊임없이 노력하고 실천해야 성공도 있습니다.

범증(范增)과 장량(張良)

장기를 좋아하는 분은 초(楚)나라와 한(漢)나라 간 싸움을 매번 합니다. 장군이요, 멍군이요, 바꿔치기, 무력시위 등 상황마다 정확한 판단을 요구하고, 車, 包, 馬, 象, 兵, 士 등 말을 잘 운용해야 합니다. 자칫 잘못하여 덜컥 수를 두게 되면 그 판을 망칩니다. 여러 전략과 꼼수도 마찬가지입니다. 王을 어떻게도 움직일 수 없는, 즉 외통수(checkmate)를 당하면 싸움은 집니다. 실제로 초나라의 항우는 해하(垓下) 전투에서 한나라의 유방에게 외통수를 당해서 패하고 맙니다.

《초한지》를 읽어 보신 독자는 공감할 텐데,《초한지》의 가장 재미있는 부분이 초나라 범증(范增)과 한나라 장량(張良)이 펼치는 지략 대결입니다. 그들은 장기로 치자면 車, 包 같은 존재입니다. 범증은 산전수전 다 겪은 전략가였습니다. 숱한 전투에서 이겼고, 전투마다 뛰어난 지략을 발휘하여 초나라를 강대국으로 만듭니다. 그러나 그는 주군(主君)인 항우를 만난 것이 큰 한이었습니다. 항우는 힘은 강하나 범증의 조언을 듣지 않고 홍문에서 유방을 죽이지 않는 등 결단력이 없고 우유부단하여 결국 초나라는 망하게 됩니다. 범증은 초나라가 오래가지 못한다는 걸 일찍이 알았지만 끝까지 주군을 버리지 않고 충성했고, 결국은 버림을 받고 병들어 죽습니다.

반면, 장량은 범증 못지않은 전략가로, 심리전에 아주 능했습니다. 미래를 보는 선견지명을 가지고 있었고, 때로는 비정하리만큼 냉철하게 승부하여 싸움을 승리로 이끕니다. 하지만 뜻을 이룬 뒤 속세를 벗어나 신선술을 익히며 여생을 보냈다고 합니다.

마흔이 넘어 친구들과 가끔씩 술자리를 하면, 매번 대화의 주제는 미래에 대한 불안입니다. 제가 헤드헌터를 처음 시작했을 때 걱정해 주던 친구들이 이제는 제게 어디 좋은 포지션 없느냐, 회사를 언제까지 다녀야 하느냐, 창업을 해야 하느냐고 묻습니다. 현재 저도 내세울 것은 없고 여전히 불안하지만, 그렇게 질문을 받을 때 친구들에게 해주는 얘기 중 하나가 바로 이 범증과 장량을 비교하는 겁니다.

범증처럼 직장에 평생 충성하면서 사는 것도 좋습니다만, 세상이 급변하면서 언제 조직에 위기에 닥칠지 예상을 못하는 시대입니다. 자신의 능력을 조직을 위해 쓰는 것은 직장인의 당연한 도리지만, 언젠가 조직의 환경이 변해 자신에게 어떻게 해줄 수 없을 때를 대비하여 항상 준비하라고 얘기합니다. 장량이 뜻을 이룬 뒤에 바로 속세를 떠난 것은 한나라에 계속 몸담고 있을 때 자신에게 닥쳐올 미래에 대비했다고 볼 수 있습니다. 실제로 한나라 유방은 자신이 건국한 나라의 자손이 후계자가 될 경우 왕권이 약화될 것을 우려하여 일부 개국공신들을 숙청한 바 있습니다. 그래서 장량은 역사를 통해 그리고 그의 선견지명을 통해 미리 물러난 것입니다.

《초한지》의 예는 조금 극단적일 수 있지만, 직장인 처세의 기본으로 장량의 선견지명은 배울 만합니다. 물론 범증의 충성심을 배우지 말자는 뜻은 결코 아닙니다. 그저 자신이 속한 회사나 부서 그리고 자신이 하는 직무가 먼 미래에도 유망한지, 자신의 경력이나 기술이 자신이 생각하는 경력 목표에 부합하는지, 아니라면 어떤 대책을 세워야 하는지를 부단히 확인하는 말입니다.

원래는 책을 쓰려는 의도가 아니었습니다. 여태까지 기록해 둔 제 합격 스토리와 뜻은 있지만 방법을 모르는 분들한테 도움을 주기 위해 메모해 둔 사항들을 모으다 보니 양이 많아지면서 '아예 책을 한 번 내보자'라는 생각을 하게 되었습니다.

지난 5년간 정신없이 앞만 보고 달려왔습니다. 벌써 5년이 지났나 싶기도 하고, 직업의 특성상 Up & Down이 심한 편이라서 잘 버틴 제 자신이 한편으로 대견하기도 합니다. 저도 마찬가지지만 사람은 본래 호기심과 욕심이 많습니다. 내 것을 잘 공유하지는 않고 남의 것은 알고 싶어 합니다. 저도 그렇습니다. 그런데 가만히 생각해 보니, 제 것을 내놓지 않고 남의 것을 가져간다는 것 자체가 단기적이라는 생각이 들었습니다. 이런 내용을 써도 되나, 동료나 같은 업종에 계신 분들이 업계의 세부 사항까지 적은 게 아니냐고 생각하면 어쩌나…… 이런 고민도 사실 했습니다. 내 생각으로만 쓴 것은 아닐까 하는 생각도 있었습니다. 하지만 이런 내용이 미래의 헤드헌터들에게 필요하다고 생각하면서 마무리했습니다. 물론 인간의 개성은 다양하기 때문에 노하우나 지식을 공유하지 않을 수도 있습니다만, 기본적으로 뜻이 있고 절실한 분들한테 도움을 주면 언젠가는 나도 도움을 받지 않을까 하는 계산적인 생각이 있는지도 모르겠습니다. 책의 내용에 불편한 부분이 있으면 양해를 구합니다.

이 글을 마무리하고 수정하면서 책을 조금 읽었습니다. 특히 최근에 접한 《멈추면, 비로소 보이는 것들》(혜민, 쌤앤파커스)은 헤드헌팅을 5년여 동안 앞만 보고 달려온 제게 정말 많은 깨우침을 줬습니다. 심지어 헤드헌터도 아닌 혜민 스님이 '어떤 직업을 선택해야 할지 모르는 이들에게' 말씀한 부분은, 정말 직업을 비즈니스가 아닌 인문학적으로 감성적으로 잘 치유한 부분이 아닐까 생각합니다. 삶의 쉼표를 제공해 주었고, 주위를 한 번 둘러보게 했습니다. 무엇보다도 인간관계에 대한 처세, 일에 대한 처세, 휴식, 이해, 용서, 열정, 수행을 생각해 보게 했습니다. 앞만 보고 달려온 분들에게 편안한 쉼터가 될 것 같고, 이 업무를 수행함에 있어서도 가끔씩 되짚어 봐야 할 부분인 것 같습니다.

현재는 헤드헌터입니다만 하고 싶은 일이 많습니다. 현재의 후보자 채용 대행 서비스만으로 이 일을 말하고 싶지는 않습니다. 여러 훌륭한 후보자를 보면서 조금 더 자기 계발을 해야겠다고 반성했으며, 중고등학생이나 대학생 그리고 직장인을 대상으로 커리어코칭이나 커리어컨설팅, 경력 개발 동기 부여에 대한 방법 등을 가르쳐 보고 싶습니다. 이런 교육이 학생들에게 미래의 직업에 대해 생각해 보고, 공부의 필요성을 느끼게 할 수 있다고 생각합니다.

시중에 나와 있는 자기 계발 관련 서적을 보면, 40대 이후에 읽어야 할 책이 꽤 많습니다. 인생의 전환기에 들어선, 제2의 직장을 찾고 계신 우리 시대의 직장인분들이 비록 내용이 풍부하지는 못하더라도 이 책을 통해 이런 길도 있구나, 라는 조그만 도움을 받으시기를 희망합니다. 창공을 나는 비행기는 이륙할 때 절반에 가까운 연료를 쓴다고 합니다. 무거운 쇳덩이로 하늘을 오르기가 얼마나 힘이 들겠습니까? 그래서 자기가 가진 최대 출력을 이륙할 때 낸다고 합니다. 이 일도 마찬가지여서 스스로 알아보고 비전을 보게 되면, 최대출력을 내고 시작해야 합니다. 그 이후에는 적절한 연료로도 안전한 비행을 할 수 있습니다.

이미 저를 통해 헤드헌팅을 시작한 분도 있습니다. 물론 제가 그분께 알려 드렸다기보다 제 지인, 저의 후보자였던 분이 스스로 헤드헌팅에 관심이 있어서 제게 물어본 경우였습니다. 그분들은 알려 주지 않아도 저보다 더 잘하고 있습니다. 이런 분들은 물론이고, 저와 인연이 없더라도 본 책을 통해 그 방법을 조금이나마 알고 업무를 진행한다면 도움이 되지 않을까 싶습니다. 현재의 헤드헌터와 후보자는 물론이고, 학생들과도, 직장인들과도, 고객사로서도, 커리어코치로서도, 많은 인맥이 생겨서 저도 더욱 많이 배우고 싶고, 필요하면 학생들이나 직장인들에게 제 경험을 전달하고도 싶습니다.

이 책을 읽으신 분들과 대한민국 모든 가장의 건투를 빕니다.

| 부록 |

구인의뢰서

·

헤드헌팅 계약서(국문) – sample

·

헤드헌팅 계약서(영문) – sample

·

헤드헌팅 제안서

·

헤드헌팅 대상 설문

구인의뢰서

Client Information

의뢰일:2013.　　.　　.

회사명		담당자(부서/직책)	
대표자		전화번호	
설립연도		팩스번호	
직원수		E − Mail	
주소/위치		Homepage	
연매출 규모		사업자등록번호	
회사소개(사업분야)			

Job Requirement

직종 (모집부분)		성 별	
직 무 분 야		나 이	
경 력 년 차		학력/전공	
직위 / 직책		어학 능력	
출신 선호사항			
소속부서 조직구성	(Report line, 조직인원, 연령대 등)		
연봉수준		인센티브	
토요근무		근무시간	
근무지역			
복리후생			
전형상 특이사항			

Remarks

우대사항 요청사항 기타	

헤드헌팅 계약서^(국문) – sample

대한민국 상사(이하 '갑'이라 한다)와 ㈜1등 서치펌(이하 '을'이라 한다)은 헤드헌팅 서비스와 관련하여 다음 계약을 체결한다.

제1조. [서비스의 정의]

제1항. 본 계약서상의 용어 '헤드헌팅 서비스'는 '갑'이 제출한 채용정보의 뢰서에 준하여 '을'이 최적의 인재를 선정하고 사전 전형을 거쳐 '갑'에게 제공하는 것을 말한다.

제2항. 상기 제1항을 위해 '을'은 1인 또는 그 이상 인원을 선정하여 '갑'에게 제공함으로써 '갑'이 충분한 검토를 거쳐 최종 채용을 할 수 있도록 함을 원칙으로 한다.

제2조. [서비스의 진행]

제3항. '을'은 '갑'과 '을' 쌍방이 본 계약서에 서명한 후 즉시 인재 채용 절차를 진행한다.

제4항. '을'은 계약 후 해당 후보군에 대한 1차 전형을 진행하고, 적정 후보자 명단 및 세부 사항을 '갑'에게 제출해야 한다.

제5항. '갑'은 '을'로부터 제공받은 최종 후보자 명단을 토대로 면접 일정을 정하고, 이를 '을'에게 통보한다.

제6항. '을'은 '갑'의 통보를 받은 즉시 해당 후보자들에게 면접 일정을 통보하고 면접에 필요한 제반 서류와 절차를 상세히 안내한다.

제7항. '갑'은 최소 2일 이내에 면접 결과를 '을'에게 통보한다. 단, 면접자 중에서 최종 채용자가 있을 경우에는 면접 당일 '을'에게 통보한다.

제3조. [기밀의 유지]

제8항: '갑'은 '을'이 제시한 이력서 및 신상 정보 내용을 상기 계약 건과 관련된 용도 외에 공개 또는 활용할 수 없다.

제9항. '을'이 본 계약의 이행과 관련하여 지득하게 된 '갑' 회사의 영업 비밀 등을 '갑'의 서면 동의 없이 제3자에게 누설하여 손해를 입힌 경우 '을'은 '갑'에게 손해를 배상해야 한다.

제10항. '갑'은 '을'의 추천을 통하여 알게 된 후보자를 '을'의 추천을 거치지 않고 직접 채용하기 위해 어느 형태로든 직접적인 연락을 취하지 않는다.

제11항. 만약 '갑'이 '을'로부터 후보자 명단을 제출받은 날로부터 1년 이내에 '을'이 추천한 후보자를 직접 연락하여 고용계약을 체결(채용)한 경우, 본 계약서상의 제5조 규정에 의하여 수수료를 '을'에게 지급해야 한다. 단, '갑'의 채용 공고에 의한 지원자와 '을'의 추천자가 동일하고 해당자가 최종 채용됐을 때, 지원 일자가 추천 일자보다 빠를 경우 수수료를 지불하지 않

는다.

제4조. [서비스의 보증]

제12항. '을'은 '을'을 통하여 채용된 후보자의 보증기간을 ○개월로 정한다. 다만 다음 각 호에 해당하는 경우는 예외로 한다.

1) '갑'이 제공한 채용 정보가 사실과 다를 때
2) '갑'의 귀책사유로 후보자가 근무하지 못하는 상황일 때

제13항. '을'에 의해 '갑'이 채용한 인재가 자의에 의해 보증기간 안에 퇴사할 경우 '을'은 퇴사일로부터 1개월 이내에 동일 수준의 인력을 무상으로 추천하여 입사토록 해야 한다. 또는, '갑'의 별도의 요구가 있을 경우 지급 수수료 총액을 보증기한 일수로 1할 계산하여 근무 기간 동안의 수수료 금액을 공제한 잔액을 퇴직일 ○○일 이내에 반납한다.

제5조. [수수료]

제14항. '갑'은 '을'에 의해 선발된 인재에 대한 수수료를 다음과 같은 요율에 의해 '을'에게 1회 현금 지급한다(단, 연봉은 채용자가 입사 시 체결한 연봉을 말하며, 현금 급여, 상여금, 제 수당을 포함한다).

1) ○○○○만 원 미만: 총연봉의 ○○%
2) ○○○○만 원 이상 ~ ○○○○만 원 미만: 총연봉의 ○○%
3) ○○○○만 원 이상: 총연봉의 ○○%

제15항. '을'은 합격된 후보자의 출근 일자로 '갑'에게 세금계산서를 발행하고, '갑'은 ○○일 이내에 수수료를 현금 지급한다.

제6조. [계약의 해지]

제16항. 본 계약서에 의해 '을'이 '갑'에게 후보자를 추천하고 해당 후보자가 채용되어 수수료 지급이 완료될 경우 본 계약은 자동으로 해지된다. 단, 해당 계약 종료 후 '갑'이 추가로 '을'에게 헤드헌팅 서비스를 의뢰할 경우, 양측의 합의에 의해 별도의 추가 계약서 작성을 하지 않고 본 계약서의 효력을 유지할 수 있다.

제17항. '을'이 본 계약서에 명시된 사항을 준수하지 않을 경우 '갑'은 '을'에게 별도의 통지 없이 본 계약을 해지할 수 있다.

제7조. [계약서의 보관]

제18항. 본 계약의 성립을 증명하기 위해 계약서 2부를 작성하고, '갑'과 '을'이 각각 서명 날인한 후 한 통씩 보관한다.

20○○년 ○월 ○○일

갑: 대한민국 상사
주소: 대한민국 서울시 종로구 ○○번지 대한민국빌딩
대표이사: 홍길동 (인)

을: (주)1등 서치펌

주소: 서울시 강남구 역삼동 ○○○

대표이사: 임꺽정 (인)

을: (주)1등 서치펌

대표이사: 임꺽정 (인)

헤드헌팅 계약서(영문) – sample

Agreement for Head Hunting Service

The following agreement is concluded by and between 'A' (hereafter ○○○ Korea) and 'B' (hereafter Search Firm) with respect to head hunting service.

Clause 1. Terminology

1.1 'Head hunting service (hereafter 'the service)' means 'B' searches, selects, and pre-interviews from its jobseeker database to find optimum candidate and nominates him/her to 'A'.

1.2 For the best service(s) mentioned above, 'B' should provide at least two or more candidates to provide 'A' as many jobseekers interviews as possible.

Clause 2. Terms of service

2.1 The service calls for an immediate commencement by 'B' as soon as both 'A' and 'B' sign the agreement.

2.2 'B' should progress pre-interview the pre-selected candidate group, and submits the list of them to 'A' in a week time after sign the agreement.

2.3 'A' will set main interview schedule for the candidates, and report it to 'B'.

2.4 'B' should inform the main interview schedule from 'A' to the candidates. If necessary, 'B' will accompany the candidates to 'A' for prevention of any lateness or absence of the candidates.

2.5 'A' will report the main interview results to 'B' in 2 days after the interview, however, should report immediately to 'B' if any candidate(s) are appointed at the day.

Clause 3. Confidentiality

3.1 'A' must keep in secret all candidates' information from 'B', unless otherwise pre-permitted by 'B'.

3.2 Regarding the agreement, 'B' should indemnify 'A' for the damage If 'B' leaks the business and/or business related information without prior written consent of 'A'.

3.3 'A' should not directly contact or employ the candidates introduced.

3.4 If 'A' directly contacts and employs the candidate(s) nominated 'B' within 1 year after submission of the candidate list, 'A' should pay 'B' the agreed commission as described in Clause 5. However, "A' should not need to pay commission to 'B' if; the employment announcement date of 'A' is not later than the date of nomination or submission date by 'B', and the candidate(s) are finally employed by 'A'.

Clause 4. Warranty condition of the service

4.1 'B' guarantees that the candidate(s) keeps his/her position 'A' at least ○○ months

4.2 If the employed candidate(s) resigns his/her own will 'B' should nominate alternative candidates with same qualification and personal capacity. Or, 'B' should refund the balance after deduction of the amount equivalent to working days in ○○ days after resign date

Clause 5. Service Commission

5.1 'A' should pay the service commission in cash to 'B' by under mentioned rates.

Commission Rate is ○○% of annual salary

5.2 'B' should issue a tax statement to 'A' on the day of the candidate's commencement date, and 'A' should pay the service commission in cash within ○○ days of tax statement issuance.

Clause 6. Cancellation and Termination

6.1 This agreement will automatically terminate after completion of candidate(s) employment and service commission payment. However, If 'B' wish to keep requesting a service to 'B' this agreement will considered to be valid unless any written notification from both 'A' or 'B'.

6.2 If 'B' breaches any clauses of the agreement, 'A' could terminate the contract with a notification.

Section 7. keeping the written agreement

7.1 In witness whereof, this written agreement is executed in 2 copies, each of which shall be signed, sealed and kept by 'A' and 'B' in copy respectively.

Apr 23, 2013

A: ○○○ Korea

B: Search Firm

President: ○ ○ ○

헤드헌팅 제안서

(제안서의 내용은 직접 작성하셔야 하므로 필요한 목차만 적습니다.)

회사 소개

– 자신의 회사 소개를 간략하게 기술

– 전문 분야, 성사 경험, 인재 DB 보유 현황 기재

– 언론에 기사화된 내용이 있을 경우 소개해 주는 것이 좋음

고객사 담당자(헤드헌터) 소개

– 학력, 경력을 간략하게 기술

– 전문 분야 기술

– 헤드헌팅 경력 기술

적합한 인재를 추천할 수 있는 근거

– 개략적인 경쟁사 인력 보유 현황

– 인재를 추천해 줄 수 있는 관련 업계 출신 동료 헤드헌터의 프로필

– 관련 업계 채용 성사 현황

계약 조건 제시(계약서 포함 가능)

헤드헌터 대상 설문

(에이치알맨파워그룹 현직 헤드헌터 30명 대상, 중복 응답, 무응답 가능)

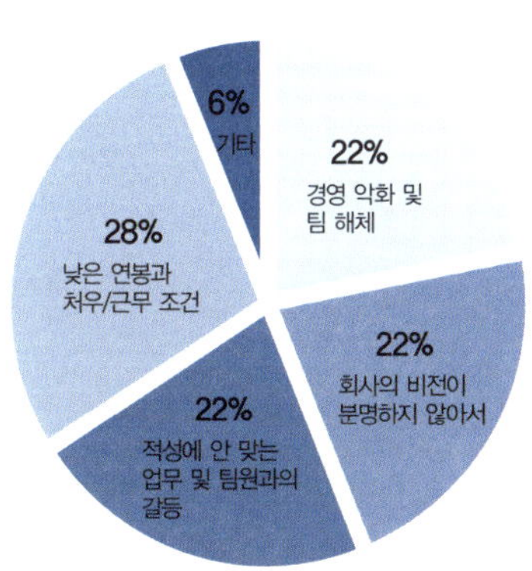

그림 46 후보자들이 이직을 생각하는 주된 사유는 무엇입니까?

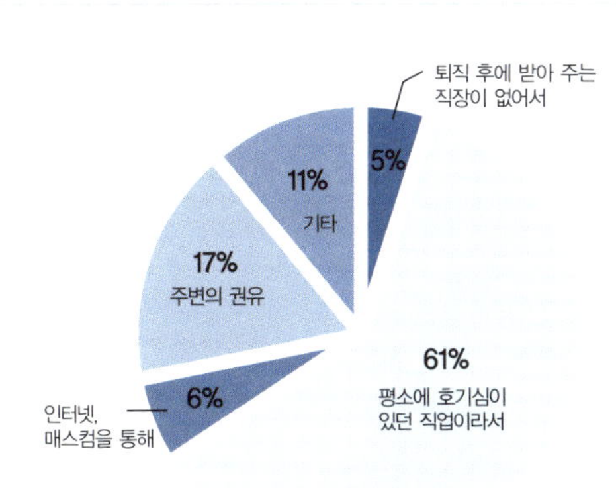

그림 47 헤드헌팅을 고려하게 된 이유는 무엇입니까?

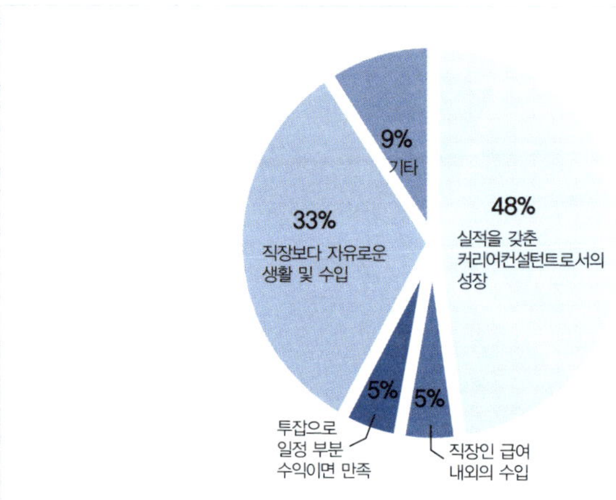

그림 48 헤드헌터로서의 목표가 있다면?

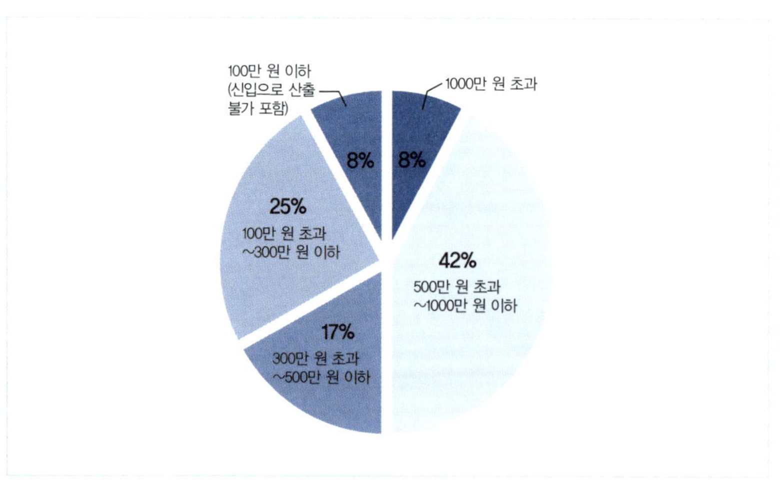

그림 49 헤드헌터로서의 현재 월평균 수입은?

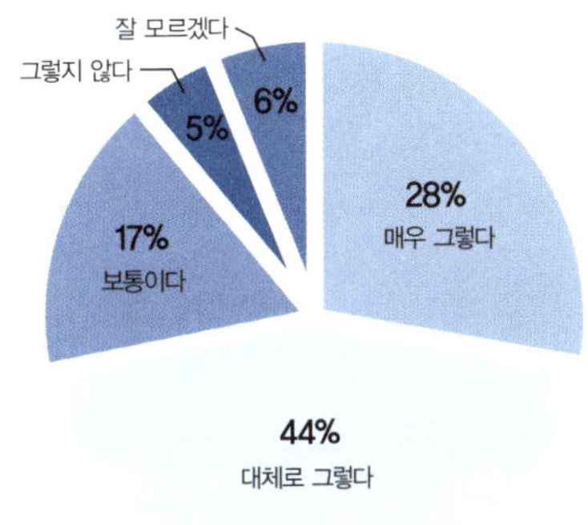

그림 50 헤드헌터가 비전이 있다고 생각하십니까?

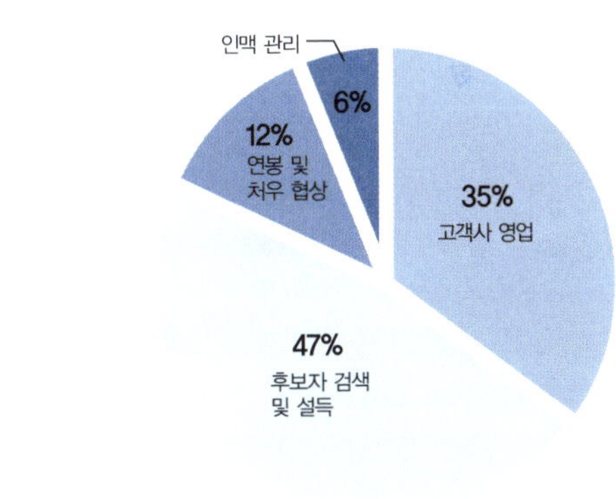

그림 51 헤드헌팅 업무 중 가장 어려운 일은 무엇입니까?

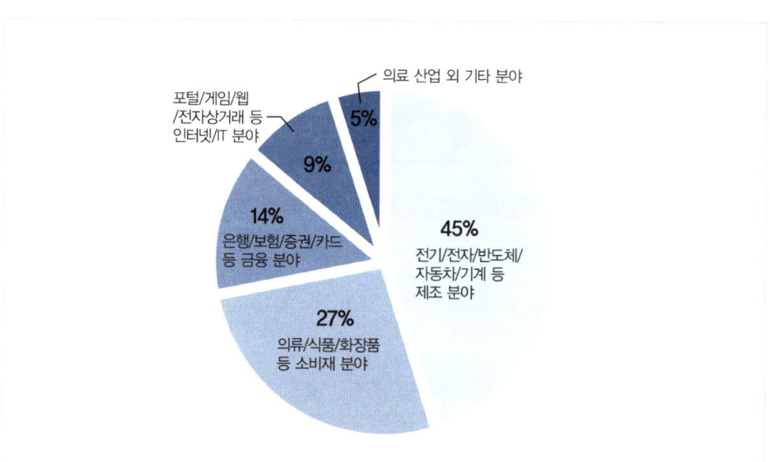

그림 52 헤드헌터로서 가장 관심 있는 산업 분야는?

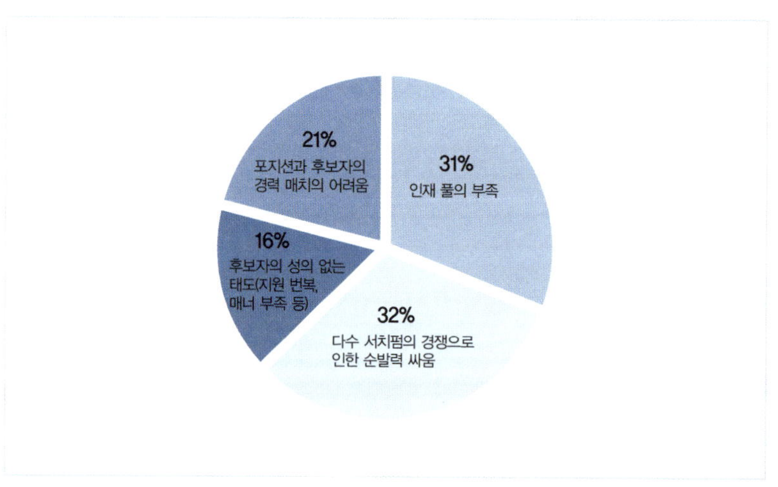

그림 53 후보자를 섭외할 때 가장 힘든 부분은?

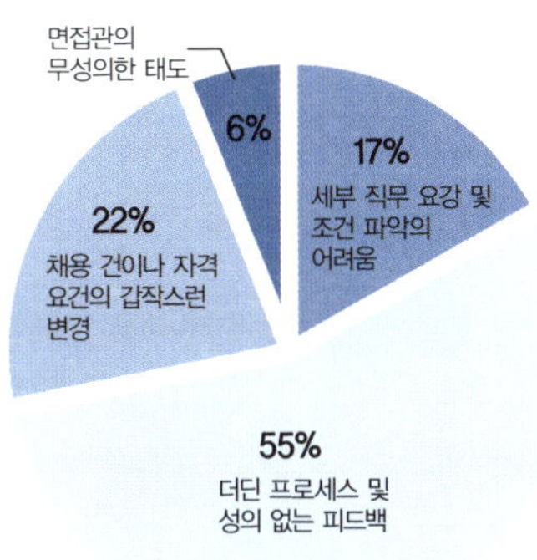

그림 54 고객사 상대할 때 가장 힘든 부분은?

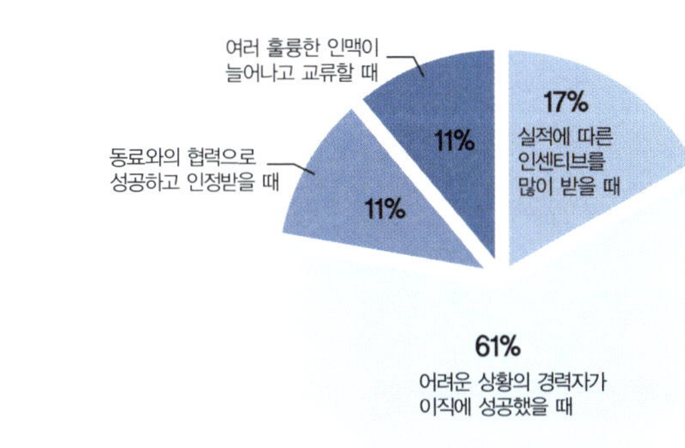

그림 55 헤드헌터로서 가장 보람을 느낄 때는?